政府管制与公共政策研究系列丛书

STUDY ON IPO REGULATION
OF CHINA

中国股票发行
监管制度研究

（第二版）

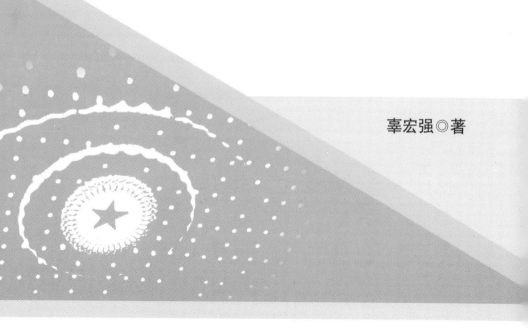

辜宏强◎著

经济管理出版社
ECONOMY & MANAGEMENT PUBLISHING HOUSE

图书在版编目（CIP）数据

中国股票发行监管制度研究/辜宏强著. —2 版. —北京：经济管理出版社，2016.5
ISBN 978-7-5096-4507-9

Ⅰ.①中…　Ⅱ.①辜…　Ⅲ.①股票发行—金融监管—监管制度—研究—中国　Ⅳ.①F832.51

中国版本图书馆 CIP 数据核字（2016）第 157614 号

组稿编辑：张　艳
责任编辑：张　艳　丁慧敏
责任印制：黄章平
责任校对：新　雨

出版发行：经济管理出版社
　　　　　（北京市海淀区北蜂窝 8 号中雅大厦 A 座 11 层　100038）
网　　　址：www. E-mp. com. cn
电　　　话：(010) 51915602
印　　　刷：三河市延风印装有限公司
经　　　销：新华书店
开　　　本：720mm×1000mm/16
印　　　张：12.25
字　　　数：213 千字
版　　　次：2016 年 7 月第 1 版　2016 年 7 月第 1 次印刷
书　　　号：ISBN 978-7-5096-4507-9
定　　　价：45.00 元

目 录

第一章 导 论

第一节 选题的缘起

一、背景

1. 中国股票市场具有鲜明的"新兴+转轨"特色

中国股票市场产生于从计划经济向市场经济转轨时期，是在计划经济的缝隙中、在政府的积极推动下迅速发展起来的，在体制上有着先天不足。多年来，中国股市承担了为国有企业筹集资金和解困服务的角色，使国有企业改革的压力得到了逐步释放，保证了改革全局的顺利推进，也有助于缓解国有银行的压力。由于股票市场扮演了为国企服务的特殊角色，所以股市一有风吹草动，政府就出来干预。股市的涨跌很大程度上都依赖于政府的政策，久而久之，中国的股市就和宏观经济脱钩，成了一个畸形的市场。

2002年6月，周小川首次提出中国股市是"新兴+转轨"的市场。新兴市场的股市有很多共性如投机性偏高、阶段性波动较大、各类违法违规案件相对较多。转轨经济中也有很多的共性，例如行政干预比较多，国有成分占的比重较大，法律、会计和投资者成熟程度等方面尤其薄弱，转轨中还会形成一些历史遗留问题。

2. 对股票市场的工具化态度打击了投资者信心

我国改革开放后的股票市场并不是在市场化的背景下自然产生的，而是作为具有资本主义特色的事物引进的，是在充满争议和怀疑中产生发展的。"政策市"、"资金市"是我国股票市场具有的两个显著特征，股票市场在很长时间内并不被管理层重视，而只是作为一个为政府政策服务的工具。例如20世纪90年代末期曾有的口号是"股市为国企解困服务"，并在实际中具体实施，比如国企上市一路绿灯，甚至亏损的国企稍做包装也能上市。

一个国家的股票市场要健康发展，至少需要充沛的资金和大量资质良好并有信誉的上市公司。政府对股票市场采取工具化态度，破坏了股票市场的公平与效率，打击了投资者信心，影响了股票市场发挥社会资源配置的功能。

3. 过度管制制约了股票发行市场的健康发展

我国股票发行监管制度具有"新兴＋转轨"的特殊背景，这是造成我国股票发行监管制度现状的一个决定性因素，也是造成发行监管市场制度性与结构性缺陷的根源之一。

股票发行监管制度是股票市场的一个重要内容，我国股票发行监管实行过的审批制和额度制都是建立在以政府干预为特点的集中型管理体制上的，我国的股票发行监管制度具有浓厚的计划色彩。在中国的发行监管制度中，一个重要的特点是行政干预。政府对股票发行决定权的垄断构成我国股票发行监管制度的基本内容。近年来，虽然经历了从审批到审核，再到核准的制度改革，但是政府对申请发行股票的企业的实质性审查和最终决定权没有变化，只是发行程序的调整而已。我国的股票发行监管制度不仅体现了政府对企业的实质性要求，也体现了政府严格控制股票发行市场，任何政策意图都可以通过行政手段强加到证券市场中。

这种计划色彩浓厚的股票发行监管制度在我国有其一定的合理性。首先，额度计划分配使证券市场规模迅速扩大至全国。其次，我国证券市场诞生不久，还不成熟、不完善，对企业进行严格审查有利于保护投资运行时的利益，维护证券市场健康发展。随着证券市场规模的不断扩大，政府对发行市场实行严格管制造成的弊端就逐步暴露出来，过度管制制约了股票发行市场的发展，也产生了严重的腐败。

4. 不完善的股票发行市场造就了很多劣质上市公司

在一个功能扭曲的市场环境下产生和成长起来的上市公司也必然存在着先天不足和后天缺陷。上市公司的先天不足主要表现在两个方面：一是股权结构的缺陷。由于强调为国有企业筹资服务，局限于对国企改革、国有经济和国有资产的片面认识，形成了国有股"一股独大"的绝对控股地位和国有股、法人股不能转让和流通等制度，给后来上市公司的治理结构和股市的发展带来许多负面影响。二是企业弄虚作假，包装上市。企业上市和增发新股要靠政府的额度管理和行政审批，上市被看成是从政府手中获取的资源，其关键不是依靠企业真正实现转制和拥有优良资产,而是靠获得政府同意。这就导致了上市公司存在着较为普遍的包装上市、打包上市和突击改制等现象,政府也存在很大的寻租空间。这些企业虽然上市了,但仍然沿袭原来国有企业的经营机制和管理方式,企业的治理结构、激励和约束机制并没有建立起来,盈利能力也很弱。2001 年 4 月实行的通道制下的核准制及 2004 年实行的保荐制下的核准制代替了原来的股票发行指标制和审批制,这虽然是发行监管制度建设上的一个进步,但并没有从根本上改变政府严格控制股票发行市场的局面。

二、问题的提出

1. 缺乏信用文化是股票发行市场存在严重问题的一个重要原因

股票市场归根结底是一种信用关系,[①] 但是股票这种信用关系所要求的一个社会的道德基础条件却比一般信用关系强得多。韦伯(Max Weber)指出建立在现代信息技术基础上的股票市场可以被理解为一种(大众参与的)过程,这里的大众超越了私人联系所能维系的群体的规模,金融也超脱了一般信用的层面。传统社会里相当常见的借据,只要求借贷方对出据方的信任关系,这种关系可以而且经常仅仅依托于私人联系(血缘、地缘、业缘),而在大众参与的金融过程中,出具这张借据的个人的信誉,对多次转让以后的债权人而言几乎没有什么意义,没有谁会因为不认识一家企业的老板而拒绝购买普遍被看好的该企业的股票。金融过程所依赖的,不再是几乎每一个能够生存下来的社会的道德传统中都具备的人与人之间的私人信任关系,而是必须依赖于非个人(Super-individual)的、超越私人联系的,被哈耶克(F. A. Hayek)称作抽象规则(Abstract Rules)的那种制度。这种制度在韦伯那里被称作资本主义的支撑体系(Suppportive System),包括独立的审计和会计系统、独立的司法与法庭抗辩系统,以及使自由契约制度(Free Contracting)得以有效的其他种种制度。

社会主义市场经济既是一个交换经济,也是一个信用经济。中共十六届三中全会明确提出了"要增强全社会的信用意识,形成以道德为支撑、产权为基础、法律为保障的社会信用制度",这是我国信用建设的指导方向。

---

① 托宾(James Tobin,诺贝尔经济学奖获得者)在为《新珀尔格雷夫经济学大词典》撰写的"金融"词条里说:一张借据,仅当它进入流通领域时,即被债权人拿来当做信用转让给第三方时,才具有金融的意义。

中国素来以礼仪之邦著称于世，诚实守信是中国传统道德建设再三强调的重要方面。但20世纪80年代以来，由于个人、企业甚至政府失信造成的社会信任度下降问题凸显，成为社会各界关注的热点。失信行为已经侵入到社会生活的各个领域，有继续蔓延加重的趋势。1990年由英格莱哈特（Ronald Inglehart）主持的"世界价值研究计划"将中国包括在调查对象中，在被调查的41个国家中，中国的社会信任度高达60%，仅次于瑞典、挪威、芬兰，排列第四位；1996年新一轮世界价值调查涵盖47个国家和地区，中国又在其中，结果有50%的中国人认为大多数人值得信任；1998年，美国、中国香港、中国内地学者在中国内地四个城市（上海、天津、武汉、深圳）所作的调查显示，平均只有30%的人认为社会上大多数人值得信任，其中深圳的社会信任度仅为16.8%。

在我国，失信行为情况严重、涉及领域广泛、失信人数众多，说明失信已经成为一种社会公害。从社会学观点来说，这种超出个人的特殊生活环境，与人类社会生活、制度或历史有关的威胁社会多数成员价值观、利益和生存条件的公共问题，是一种社会问题，它的根源在社会而非个人。诚信问题也是如此。对于任何失信行为，失信者都难辞其咎，他们利欲熏心，不讲道德，败坏了社会诚信环境，对他人及社会造成极大危害，理应受到舆论的谴责和法律的制裁。

在我国股票发行的早期阶段，一台新中国成立前的只能称作废铜烂铁的设备竟被评估为好几千万元并成为某个即将倒闭企业的上市资产中的重要部分，其行为之恶劣，难以想象。在特定背景下，中国股票发行市场在一些特定利益集团的左右下，曾被视作对贫困地区、相关部门发放福利的工具，全国妇联、台联这些没有任何企业资源的部门也都能分配到上市指标，当然，这些部门只需也只能将这些指标转手卖给想上市的企业，就可获得不菲的收益。① 股市曾被视作国企解困的提款机、相关利益集团寻租的主战场。

---

① 比如严重虚假上市被公开处罚的蓝田股份原是一家小校办企业，买了农业部的上市指标上市；另一个被公开处罚的江苏综艺股份有限公司是一家江苏的私人企业买了农业部的上市指标上市的；原江苏鼎球实业股份有限公司（现江苏澄星股份有限公司）也是一家民营企业买了原劳动部的上市指标后上市的，后买指标之事案发，监管部门进行了内部处理，未公开。

2. 转型期利益集团的特别提出[①]

很多国家或民族在发生重大历史变革进程中，都不可避免地受到不同利益集团的影响。重大社会变革的背后，实质上是不同利益集团之间为维护自身利益而以不同方式进行的激烈争斗。对于中国 20 多年来的由中国共产党自觉自主进行的、以经济改革为主导的整个社会大变革，则是人类社会演进史中一段非常特殊的历程，特殊就特殊在这是既得利益集团发动的旨在从根本上保护自己而又不得不针对自己进行的改革，这一漫长的改革虽然非常艰难、痛苦，却又成就"非凡"。[②]

我国股票市场是在"新兴＋转轨"的背景下发展起来的。原来计划经济下，所有的资产都属于国家，利益主体只有一个，国有资产虽然在法律上属于全民所有，但事实上一般国民基本上无法分享这些资产，而且由于他们比较松散，难以形成有效的利益集团（群体）。

改革开放后，随着多种所有制的出现，出现了不同的利益主体（集团）。经过多年的发展，虽然我国经济总量发展很快，国家实力大增，但极不和谐的是社会贫富分化越来越严重。从长远来看，只有不同利益集团能够公平地表达利益诉求，保护自身合法权益，一起和谐发展，改革才能更深入、更健康地进行，因为这有利于解决改革中最大的一个难题，即贫富差距问题。贫富差距扩大到一定程度，将影响、制约甚至断送改革，这一点早已被古今中外的历史所证明。

在我国，实际的各种民意调查都表明，目前收入分配上的极度不公正所造成的社会心理失衡可能引发社会冲突、甚至是暴力冲突。在其他实行市场化改革的原社会主义国家里，分配不公的情况都没有像在中国这样恶化得如此之快。世界银行的一个研究表明，[③] 中国改革开放以来造成的贫富鸿沟是十分惊人的，社会的整体不平等是所有报告国家中恶化最快的，该国际组织警告中国政府，在下一步政策措施中必须充分注意到由此可能造成的后果。

---

① 有关利益集团的描述与定义见本书第五章。在 2006 年的"中国经济 50 人论坛年会"上，中国人民银行副行长吴晓灵提出："在新的阶段当中，要想更好地推进改革，必须承认不同的利益阶层和利益集团的存在，协调利益关系，用完善法律法规体系的过程来推进改革。"她表示要通过法律手段界定利益边界，允许不同的利益群体组织起来，相互帮助自我约束，并通过法律的渠道表达自身的利益诉求。这是高层政府官员在公开场合罕见地表达了对利益集团的看法。

② 中国香港环球经济电讯社（GEDA）财经分析师对中国人民大学行政管理学系主任毛寿龙教授进行的访谈内容。

③ 皖河：《利益集团、改革路径与政治合法性危机》，《当代中国研究》2001 年冬季号。

　　我国股票市场是我国社会分配不公的一个具体表现，一些强势利益集团利用手中的权力通过虚假上市或违规操纵就轻易地从市场上掠夺了巨额的财富，中小投资者辛辛苦苦赚来的血汗钱轻易地就在股市上蒸发了。中国股票市场发展过程中，尽管由于国家信誉的存在，没有出现某些转轨经济国家的证券市场几近崩溃的局面。但同样存在信息不透明、缺乏对中小股东的保护、上市公司不断更改募集资金的用途、不按规定披露信息等情况，严重损害了中小投资者的利益。

　　股票发行是股份公司在中介机构的参与帮助下进行的筹资活动。就股票发行市场而言，企业在上市过程中，产生了很多与上市企业相关的利益集团，包括监管部门、中介机构、投资者等。在构建和谐社会的背景下，我们应把建立和谐的股票发行市场作为股票发行市场监管的首要目标。实际上，只有建成"公开、公平、公正"的发行市场环境、约束强势利益集团、保护中小投资者，才能保证股票市场的公平与效率，才能使股票发行市场对经济的快速发展和优化资源配置起到促进作用。

第二节　目的和意义

一、目的

　　股票发行监管制度[①]是与股份制相匹配的一种制度安排，是证券市场制度建设中最为基础性的工作，也是保持整个证券市场运行秩序和效率的最关键环节。证券资产的虚拟特性以及投资活动和资产经营活动的分离，决定了证券投资是一项高风险活动。因此，股票发行监管的目标就在于使投资者的投资活动和筹资者的筹资活动公平、公正、高效、顺畅地进行。

　　我国证券市场经过多年的发展，取得了举世瞩目的成就，但也是最为广大投资者和舆论责难的一个市场。作为一个以信用为基础的股票市场的信誉可以说是

---

　　① 新中国成立前，我国也曾有过股票市场，所以严格讲，讨论中国股票发行制度，应该将新中国成立前的证券市场也包括在内。但由于新中国成立前的股票市场离现在年代久远，且没有什么关联性，所以本书只讨论改革开放后的中国股票发行监管制度。

荡然无存，被吴敬琏称为连赌场都不如。① 这不仅失去了广大中小投资者对股票市场的信心，也导致了广大民众对监管部门的不信任。

诚然，造成我国股票市场现在被严重边缘化的原因有很多，比如监管不力、股权分置、市场操纵严重、公司治理水平不高、信息披露不够、投资者素质不高等。但最根源的问题首先是市场参与者的诚信普遍不足，特别是监管者的诚信不足。我们知道，股票市场实际上是一种信用市场，如果市场没有信用了，那是无论如何也没有办法持久发展的。其次是股票发行市场上强势利益集团肆无忌惮地作假、操纵与违法违规，严重损害了中小投资者的利益，也最终贻害了股票市场的健康发展。

本书试图从我国经济转轨期不可避免出现的不同利益集团及作为股票市场基石的信用两个特定角度对中国股票发行监管制度进行分析，并提出中国股票发行监管制度的优化建议。

二、意义

首先，证券市场处于国民经济的核心。证券业涉及面非常之广，单从主体上来看，上市公司、中介机构、广大投资者以及监管机构，涉及社会方方面面。其次，证券活动已受到全社会的普遍关注。无论是电视、广播、报纸，还是网络，证券始终是中心内容、焦点问题。可见，证券已经深入我们生活的每个角落。再次，证券市场风险一旦爆发，必然造成社会经济巨大的震荡，从而引发国家的经济危机甚至政治危机。最后，在融通长期资金的资本市场上，股票发行是资金需求方步入该领域的第一个步骤。因此，对股票发行行为和发行市场的监管直接关系到融资的效果乃至整体资源配置的效率，并由此成为证券监管的首要内容之一。股票发行是股票市场的起点，对股票发行进行科学的监管，有利于证券市场的可持续发展。

从国外看，由于各国政治、经济体制、文化背景和市场成熟程度不同，在股票发行监管方面各具特色。从国内看，我国股票发行监管工作经历了多年的发展，积累了一定的经验，并初步形成了一套有中国特色的发行监管制度体系和规则。一方面，我国股票发行监管制度是在体制转轨过程中形成的，带有较强的计划经

---

① 2001 年 1 月，当股指从 1000 点走到 2000 点时，在一次接受中央电视台的采访时，吴敬琏以"中国股市连一个规范的赌场都不如"、"全民炒股不是正常的现象"、"中国股市市盈率过高"等言论语惊四座，引发了一场股市大辩论。

济特征；另一方面，我国股票市场是新兴市场，历史较短，监管制度建设具有探索性，许多监管手段、措施和内容具有过渡性。因而随着实践的发展，股票发行监管制度需要不断调整和完善。

近年来，许多上市公司上市后不久，业绩就大幅度下降甚至亏损，个别上市公司在上市过程中上演一幕幕惊天骗局，尤其是大股东利用关联交易操纵公司利润，盘活不良资产，甚至掏空上市公司等肆无忌惮地损害小股东利益的行为普遍化现象，不仅严重打击了投资者信心，而且已经危及了整个证券市场的可持续发展。此种现象表明，我国股票发行监管制度中所内含的"实质性管理"并没有实现制度设计者的初衷，股票发行监管制度还存在着较大缺陷。加入世界贸易组织（WTO）后，市场经济规则开始全面主导我国经济生活，整个社会经济生活的民主化和分权化进程加快。我国股票发行过程中的"实质性管理"原则和过多的政府干预，也将因与市场经济体系的总体目标不一致而不得不做出相应的调整，原来的监管手段和方式需要做出重大改变。如何适应这种要求，按照市场化原则重构和完善我国股票发行监管制度体系框架和细则，探索新的有效监管方式和手段，是我国股票发行监管工作面临的迫切任务。

以斯蒂格利茨（J. Stiglitz）、伯克曼（P. Beckerman）等人为代表的金融深化理论学派认为：市场并不必然在充分的就业水平下自发均衡；强调有效需求和政府的作用；对于新兴市场的监管，第三世界的政府不可避免地要比发达国家的政府承担更大的责任。但是，新兴市场的证券监管不但成本高昂，成效不明显，甚至产生反效果，而且还严重阻碍了市场本身的自发演进，使该国的经济在金融上受到抑制。也就是说，证券监管也会失败。[①]

基于中国独特的制度环境和制度变革的大背景，深入系统地探讨股票发行监管制度有极其现实的意义。

第三节 研究思路、创新点及研究方法

一、研究思路

本书遵照问题提出、理论构建、理论实证、理论应用的逻辑展开，具体的研

---

① 陈岱松：《论对证券市场的适度监管》，《证券法律评论》2003 年卷。

究思路如图1—1所示。

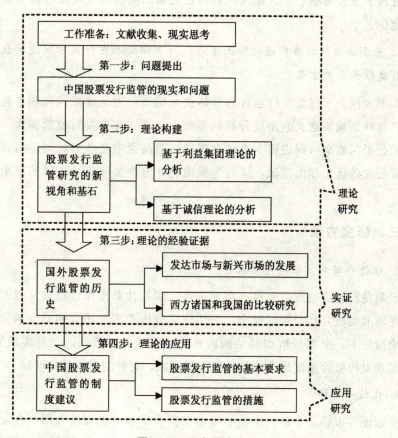

图1—1 研究思路

二、创新点

1. 为对中国股票发行监管制度进行分析提供了一个新的理论视角：利益集团理论

本书用利益集团理论，尤其是基于不同利益集团的行为互动对转轨和新兴市场经济背景下的中国股票发行监管制度进行了分析。利益集团理论，本来不是一个新提法，但是，真正把利益集团理论作为一个新的分析视角，并在多方博弈的基础上对我国股票发行监管问题进行分析，这还是第一次。

2. 为对中国股票发行监管制度进行分析提供了一个新的理论基石：诚信理论

本书从构成资本市场基石的信用角度对中国股票发行监管制度进行分析。具体而言，是用什托姆普卡的"信任文化社会生成模型"对我国股票发行监管制度变迁进行了系统考察，并从重建社会信任关系的高度对股票发行监管制度的理念重新定位。

3. 基于诚信与利益集团的理论框架，为中国股票发行监管制度的优化提供了一套有建设意义的方案

本书未拘泥于股票发行监管的具体技术细节，而是在诚信和利益集团两个特定并具有特别现实意义的角度分析的基础上，站在完善发行监管制度、提高股票市场的公平与效率、促进资本市场发展以至提高国家竞争力的高度对我国股票发行监管制度的优化提出建议，从而为我国的政府决策和市场主体的决策提供参考依据。

三、研究方法

1. 理论分析和实证研究相结合

股票发行监管制度研究是一项理论性、实践性和操作性都非常强的工作。因此，在本书的研究和写作过程中，采用理论分析和实证研究相结合的方法，力求在理论指导下，全面分析和总结国内外的实践经验和教训，立足实践发展需要，确立股票发行监管制度建设的指导思想和原则，完善制度体系和细则。

2. 比较分析法

我国证券市场是个新兴市场，市场发育水平和成熟程度有限。在发达国家和其他一些新兴市场经济国家，因为市场较为成熟，发行监管制度建设比较完备，经验也很丰富。因此，本书将利用比较分析方法，分析发达国家股票发行监管制度，并与我国股票发行监管制度相比较，借鉴发达国家的成熟经验和做法，建立适合我国证券市场发展需要，又具有一定的前瞻性的股票发行监管制度体系。

第二章 股票发行监管制度研究的理论基础及文献回顾

第一节 股票发行监管理论

证券监管是指以矫正和改善证券市场内在的问题（广义的市场失灵）为目的，政府和监管部门通过法律、经济、行政等手段对参与证券市场各类活动的各类主体行为进行的干预、管制和引导。证券监管制度是指政府（证券监管机构）实施于证券市场各个方面的各种监管法律、法规、制度、政策、规定、做法等。

证券监管的目标：一是克服各种证券市场的缺陷（证券市场失灵），保护市场参与者的合法利益（尤其是投资者利益），维护证券市场公平，透明和效率，促进证券市场机制的运行和证券市场功能的发挥，这是证券监管的现实目标；二是保证证券市场的稳定、健全和高效率，促进整个国民经济的稳定和发展，这是证券监管的最终目标。

一、监管的理论分析

1. 监管的经济学、法学含义和特征

经济学上的监管，是指依据一定的规则对构成特定社会的个人和构成特定经济的经济主体的活动进行限制的行为。进行监管的主体主要有私人和社会公共机构两种形式，而经济学上主要指后者。日本的植草益教授把"公共监管"界定为微观领域的广义的公共监管，即社会公共机构依照一定的规则对企业活动进行限制的行为。它包括"间接规制"和"直接规制"。前者是为了防止不公正的竞争而制定的针对垄断行为、不公正竞争和不公正交易等行为的监管；后者可以视为"狭义的公共监管"，是针对一些具有自然垄断性质或者存在信息偏在的产业，对其"进入"、"退出"、"价格"、"投资"等进行的各种规制或者外部性和有害物品

等做的监管。①

监管主要指政府在微观层面对经济的干预，为防止有损"公共利益"的私人决策而通过公开方式以控制厂商的价格、销售和生产决定的行为，分为"经济的"（如反托拉斯，对某些部门的价格监管）和"社会的"（如环境保护）两类。

从法学上看，广义上讲，监管是指国家机关、各个政党、社会团体、公民对于法律运行和操作过程，包括法律制定和实施活动的程序和结果是否合法实施评价和督导；狭义上讲，专指有关国家机关依照法定职权和法定程序，对立法、执法活动的合法性进行监察和督促。

从法律上看，监管的主要特征如下：

（1）法律监管具有法定性。首先，法律监管是一种法律权力，这种权力来源于它本身的合法性；其次，法律监管的分配、运行和操作，都应该有法律的统一规范和引导，包括行使监管权的主体必须有合法的资格，监管的方式和次序必须合法，行使监管权的条件必须合法。

（2）法律监管权与法律权力具有对应性和统一性。法律每创造出一种权力形态，就应该同时产生出相应的监管权的形态。法律监管权运用的最大阻力，一般来自于特权现象。为了保障法律监管权的有效实施，特别有必要建立一套完整的、独立的、自成体系的法律监管体系。

（3）国家法律监管是一项特定的国家权力，具有国家权威性。法律监管是一种权力的行使，目的是为了维护国家法制的统一和尊严，保障国家权力运行的合法性。而国家法律监管只有拥有适用法律的权力的机关和个人才能行使。

2. 为什么需要监管

一个很自然的问题是，为什么我们需要监管？按照竞争均衡的逻辑，完全竞争下的市场配置总是有效率的，从而不需要政府干预。但是，在很多时候，由于市场并不是完全竞争的，或者说存在非对称信息，市场的均衡并不会达到有效配置。在这种情况下，管制就是政府对市场失灵的一种特殊回应。

（1）市场的效率：①判断市场效率的标准。一般的理解，有效率的经济体制是指一个以最小的成本生产出人们所需要产品的经济。经济体系的存在目的就是为了满足人们的欲望和需求，并且，如果人们的欲望和需求可以用更低的成本方式满足，那么经济体系就会选择这种方式。严格地说，市场机制的效率可以用帕

---

① 植草益：《微观规制经济学》，中国发展出版社，1992 年.

累托效率标准加以界定。一个帕累托最优状态或者市场机制有效率的运行结果就是这样一种状态：不可能存在资源的再配置使得在经济社会其他成员的境况不变的情况下改善某些人的境况。②竞争性市场机制的效率。在完全竞争市场上，当市场达到均衡时，消费者和企业将面临同样的价格，企业按利润最大化提供产品组合所决定的边际成本之比等于消费者按照效用最大化的产品组合所决定的边际效用之比。消费者按照主观评价需求商品，企业按照边际成本提供商品数量。消费者需求的商品组合和企业提供的商品组合与市场均衡数量一致。完全竞争市场使消费最优，生产成本最低，并且资源得到最合理的配置，使得企业可以生产出消费者所需要的商品组合。因此，在帕累托效率的意义下，完全竞争市场是有效率的。

（2）市场失灵（Market Failure）。完全竞争市场上，我们作了许多在现实生活中也许根本不可能的假定：假设所有的消费者和企业都是市场价格的接受者，每个消费者的需求行为由其对商品的边际估价所支配，每个生产者的供给行为由其对商品的边际成本所支配。消费者和企业具有完全信息，企业进入或者退出没有成本等条件。

但是现实中这些条件根本得不到满足。当市场价格不能真正反映商品的社会边际估价和社会边际成本时，市场机制转移资源的能力不足，就会出现市场失灵。市场失灵的存在使得理论上得以完美构筑的市场功能在现实世界中遭到扭曲和抑制，这些市场本身无法克服的局限性使得市场不可能实现帕累托最优，从而为市场中政府的介入提供了理论依据。"市场是脆弱的，如果放任自流就会趋向不公正和低效率，而公共管制正是对社会的公正和需求所做的无代价、有效和仁慈的反应。"①

（3）公共管制学说。市场失灵为政府监管提供了理论依据。尽管有些外部不经济和信息不完全问题可以通过"市场机制的内部化"加以解决（如科斯定理所阐述的先界定产权，然后由双方当事人直接交涉来解决外部性问题，但交易成本不为零时不能形成帕累托最优），但是将市场失灵中的任何一个案例内部化为市场机制都存在一定的限度，或者根本无法实现内部化。而且，市场失灵不仅狭义地存在于不完全竞争、自然垄断、外部性、公平物品、信息不对称等方面，而且广泛存在于公平分配、失业和经济波动等涉及市场局限性的领域。因此，有理由认

---

① 佛朗茨：《X效率：理论、论据和应用》，上海译文出版社，1993年。

为，公共管制应该针对最广义的市场失灵现象，政府应该全面干涉各类经济主体活动的行为。

公共管制学说肯定政府干预的合理性和有效性，认为如果并且只有存在市场失灵时监管才是有意义的，政府监管的目的就是通过提高资源的配置效率来增进社会经济福利。关于管制的传统经济学观点是规范的：管制性措施应该用于修正主要的市场失灵。比如在一个垄断的行业中，政府强制性地压低价格而又无相反的不利因素，则会有利于消费者。公共管制理论预期：政治过程将毫不留情地找出实际损失，并用管制消除它。所供给的管制应该满足消费者和生产者对总剩余最大化的追求，或者说达到配置效率。

管制的经济理论可以被视为广义的公共选择理论的一部分。从公共选择理论来解释政府管制认为，管制作为政府的一个职能，属于公共选择的一个部分。鉴于自由市场经济在特定的经济场合的失灵现象，必然要求某种方面和程度的外部管制来保证经济体制的高效运行和社会资源的有效配置。而管制制度作为一种公共产品只能由代表社会利益的政府来安排。

但是以芝加哥大学的斯蒂格勒和波斯纳为代表的学派却强调监管的成本和危害。他们认为，管制的设计和实施主要是为受管制产业的利益服务的，利益集团为了取得政府的监管保护而进行的寻租活动使得监管本身成为经济系统的一个内生变量。总的来说，监管的代价是很高的：监管会产生道德风险；监管会产生进入和退出障碍；监管会影响竞争性产业内的竞争条件；监管可能成为互相竞争的生产者之间的战场，最终形成的规章制度可能只是有助于一部分生产者，而不是更多的消费者。

尽管如此，管制经济学中关于"市场失灵"和"政府干预合理性"的基本观点以及对干预有效性的分析还是为政府监管行为提供了理论依据。

（4）人性不完善理论。该理论认为，人是不完善的，不是天使。[①] 人性不完善，再加上经济生活中具有内在的投机性和风险性，使经济生活本身并不能自发实现高效、平稳、有序的运行。减少这种风险的有效办法是对市场加强管理，建立严格的规章制度，使每个参与者都能按规章制度运作。只有强化和改善对市场的管理，才能纠正市场失灵，提高市场的安全性和运行效率。

---

① 纽约股票交易所副总裁伯纳德曾指出："如果人都是天使，则证券市场将自由和公开地对供求经济法则做出反应，政府管理将成为多余，甚至自律的必要性也是极小的，然而事实是，人的本性使得证券市场不得不总要防范欺诈和操纵的风险。"

3. 监管在纠正市场失灵方面的潜在定位

市场失灵理论导致自由市场均衡背离帕累托最优，市场本身对这些障碍无能为力，所以政府监管的定位主要集中在解决这些障碍。

（1）市场垄断或者市场失败（Failure of Competition）。非完全竞争即垄断的普遍存在（包括垄断竞争、寡头垄断、完全垄断等市场结构）会抑制竞争并降低社会总福利。规模报酬递增会带来自然垄断，市场进入或退出壁垒也会使市场偏离完全竞争，垄断利润通常被视为不公平。这种经济上的不合理迫使政府干预（Government Intervention），以防止市场经济中自发产生的垄断破坏市场经济这种具有较高效率的资源配置方式。

（2）外部效应指提供一种产品或者劳务的社会费用（或者利益）和私人费用（或者所得）之间的偏差。当社会利益大于私人利益时，这个相关产品是公共产品（Public Goods）。公共产品有两个主要属性：共同消费和非排他性。这两种属性意味着一个消费者获得产品并不改变这种产品的性质或者减少这种产品的他人获得性；非购买者也不能排除在此产品的消费之外。非排他性所导致的"免费搭车"问题意味着私人没有或者极少有动机去生产公共产品。即使可以找到排除"免费搭车"的手段，例如征收某种费用，或者要求对公共产品的消费必须得到许可，但公共产品的共同消费属性仍然制约了私人生产的热情。人们认为，非排他性会导致这些产品的生产不足，因此，需要政府监管来增加这些产品的生产直到满足社会的需求。

当某种产品的生产结果是私人所得并超过社会利益时，外部效应也会发生。即生产这些产品的社会成本大于有关的私人成本。一个典型的例子是生产产品过程中的环境污染问题。在这里，政府可以使用两种办法来消除外部效应：一是通过启用能反映把费用加给对他人应承担某种义务的税收，即制造公害者纳税；二是通过把负担加到制造公害者上面，转嫁社会代价于私人成本，如污染单位被要求采取措施治理污染。

（3）信息失灵（Information Failure）或者信息不完全。资源配置达到最优状态的一个重要前提是私人决策者拥有充分、准确、全面、及时的信息。然而实际上，面对充斥着不确定性的市场，信息像其他经济物品一样也是稀缺的有价值的资源，要想获得足够的信息就必须支付足够的费用。这种费用往往非常贵。在信息需求方面，消费者可以采取"随机购买"方式，预期按平均价格购买商品。也可以选择"收寻"方式，此时他可以按最低价格获得商品所需付出的总成本，也就是市场的最低价格 P_{min} 加上找到这个价格而付出的搜索成本 C。而两者的比较也只有在 $P_{min}+C<P$ 的条件下他才会选择"收寻"。在信息供给方面，市场制度存在着品质的信息不完全，也就是说消费者和生产者间存在广泛的信息不对称（Asymmetric Information）。信息成本的高昂使得消费者在信息不完全的情况下决策，从而导致决策错误和资源配置效率的降低。正是因为信息在许多方面具有公共产品特性而在私人市场经济中供给不足，政府必须承担起减少信息费用、促进信息提供的功能。

（4）失业和分配不公。不仅是效率问题，市场失灵所蕴涵的公平问题同样是人们关注的焦点。如果人们在严酷的市场竞争中并非由于自身的过错而丢失工作，此人和其家庭是否应该承担这种不幸呢？对公平的不同诠释难以用定论的价值判断。进一步看，这种收入的不平等很难保证市场竞争的平等，贫富不均和两极分化挫伤人们的生产积极性并导致效率的降低。从而要求政府根据一定的价值判断标准承担起降低失业率、缩短收入差距、消除非价值性物品、稳定社会生活的重任。

4. 监管的福利结果分析

福利经济学的奠基人之一庇古认为，人的福利可以用某种单位计算其数值并加总求和。对于个人福利，可以用单位商品价格及其变动来计算效用的大小和增减，并用效用的大小和增减来表示福利的增减；社会的经济福利，可以用一国国民收入来表示，一个国家的国民收入意味着一国国民福利的总和。福利的增加可以通过人们的基本需求所获得的满足来衡量。他论述了福利经济学的两个主要观点：①国民收入的总量越大，社会福利越大。②国民收入分配越平均，社会福利越大。即"经济福利在很大程度上受国民收入的数量和国民收入在社会成员间的分配方式的影响"。"提高穷人所获得的实际收入的绝对份额，一般来说将增加经济福利。"他认为，最佳的生产要素的配套所带来的国民收入最大，从而社会福利也增加。一个人收入越多，其收入效用也越小，任何人在任何时候所享受到的经济福利来源于其消费的那部分收入，而不是来源于其全部收入；一个人越富裕，他用做消费的收入在全部收入中所占的比重就越大，相对说得到的福利越小。所以其主张由国家征收累进税，举办社会福利，转移收入。①

政府监管的理论基础是市场失灵，首要目标是公平和效率。可将上述两个标

---

① 庇古：《福利经济学》，中国社会科学出版社，1999年。

准作为参考，从市场失灵的各种表现形式加以考虑。

从市场垄断来看，政府监管的存在能够防止市场经济中自发产生的垄断破坏市场经济中具有较高效率的资源配置方式，这样使国民收入增加，从而社会福利也相应增加。对于市场失灵，市场制度使得消费者和生产者间存在广泛的信息不对称。信息成本的高昂使得消费者在信息不完全的情况下决策，从而导致决策错误和资源配置效率的降低。正是因为信息在许多方面具有公共产品特性而在私人市场经济中供给不足，必须通过政府监管来增加市场效率，从而增加国民收入及社会福利。

从失业和分配不公来看，市场是以效率为最终目标的，不可能兼顾公平和平均。通过政府监管，实行累进税和一系列收入转移机制，可以在一定限度内增加收入和分配的平均，从而增加社会福利。

5. 经济学视野中的管制机构行为分析

政府在监管中的潜在定位，即当面对市场失灵时政府所做的一系列补救措施，从经济学的角度看毫无疑问是非常理性的行为。但是，实证范畴中政府管制并非包治市场机制缺陷的"百病良方"。像存在市场失灵一样，也存在政府管制失灵。政府管制失灵从经济学角度看是非理性的行为。具体而言，政府管制失灵主要有三种行为表现：

（1）管制俘获理论认为政府管制与公共利益无关，管制机构不过是被管制者俘获的猎物或者俘虏而已，所以他们的行为受到被管制机构的制约。他们的主要观点：大企业或者大资本家控制了资本主义制度；管制是资本主义制度的一个部分；大企业和大资本家控制着管制。管制措施在实施之初，一般都是有效的。随着时间的推移，当被管制的行业"变得对立法和行政程序极其熟悉时"，情况就发生了变化，管制机构会逐渐被它所管制的行业所主导和控制，被管制对象利用其给自己带来更高的收益。

因此，按照管制俘获理论的说法："管制机构的具体行为表现为其生命循环开始于有力的保护消费者，而终止于僵化的保护生产者。"[①]

（2）管制供求理论认为政府管制行为可以被看成一个产品。因为政府的强制力量可以被用来给特定的人或者集体带来有价值的收益，所以管制行为可以被看做由政府供给的为特定的个人与集团所需求的产品。它同样受供求法则或者规律

---

① 江曙霞：《银行监督管理资本充足性管制》，中国发展出版社，1994年。

支配。现行的管制行为安排是供求两种力量相互作用的结果。

在需求方面，乔治·斯蒂格勒讨论了"影响一个产业对政府管制需求的主要因素"，即管制可以带来多种收益，包括直接的货币补贴、控制竞争者的进入、干预替代品和补充品的生产、实行固定价格等。

在供给方面，斯蒂格勒认为政府部门提供一种管制的行为时并非如公共利益说认为的那样是"毫无成本，完全按照公共利益来提供产品"的。在民主政治的决策过程中，"谋求政治权力的产业必须去找合适的卖主，那就是政党"。政党在决定是否支持某项管制行为时要考虑这个行为是否有助于自己当选或者再次当选。因此，需求管制的产业必须"支付两项政府需要的东西：选票和资源"。资源包括竞选经费、筹集经费的服务以及其他较间接的方式，比如为政党雇佣工作人员。通过一些开支很大的项目，训练、说服该产业和其他有关产业的人员，使得"支持票增加，反对票减少"。[①] 是否采取某种管制政策、管制的范围多大、程度多深，完全取决于上述需求和供给的互动。但显然，有着最高需求的集团往往是生产者集团。因为，按照斯蒂格勒的说法，存在着某种利益集团规模的收益递减法则，集团规模越大，则需付出的信息成本、组织成本以及克服"免费搭车"等使用政治过程的成本也越大。管制也许正是一个产业所积极寻求的东西，它通常是该产业自己争取过来的，它的设计和实施主要是为受管制的产业服务的，管制不过是财富在不同的利益集团之间的转移而已。管制也许是强加于一个产业的，并且的确会给受管制的产业带来很多麻烦，"说一个生产者集团，即使是最有力的集团，能从政治过程中得到它所希望得到的一切，是不正确的"。[②]

总之，管制供求理论认为管制机构的行为主要取决于被管制行业对管制机构的支持，而该支持又主要取决于被管制行业所能得到的利益，即管制机构的行为是由行为本身的供求关系决定的。

(3) 管制寻租理论认为政府管制行为主要是其寻租思想的具体体现。"租"或者叫"经济租"，在经济学里的原意指生产要素的所有者获得的收入中，超过这种要素的机会成本的剩余。寻租活动，指现代社会中最多见的非生产性追求利益行为，利用行政法律的手段来阻碍生产要素在不同产业间的自由流动及自由竞争的办法来维护或者索取既得利益的行为。寻租活动表现十分广泛，如寻求政府干预

---

①② 斯蒂格勒：《产业组织与政府管制》，上海三联书店，1989年。

阻止潜在的竞争者进入市场，以维护独家垄断的地位；设法诱使政府给予特殊政策对他们优先照顾，通过税收和补贴等方法，使得社会的既得经济利益在企业间重新分配，让这部分企业享受其他企业的"输血"，从而获得一种经济租。麦克切斯内（McChesney，1988）提出"政治创租"（Political Rent Creation）和"抽租"（Rent Extraction）的概念。前者指政府利用行政干预的方法来增加私人企业的利润，人为创造"租"，诱使私人企业向他们"进贡"作为得到这种租的条件；后者指政府官员故意提出某项会使私人企业受损的政策威胁，迫使私人企业抽一部分既得利益与政府官员分享。由于政治创租和抽租的存在，更增添了寻租活动的普遍性。①

监管机构经济寻租行为的共同特点：①它造成了经济资源配置的扭曲，阻止了更有效的生产方式的实施。②它本身白白耗费了社会的经济资源，使得本来可以用于生产性的资源耗费在这些对社会无益的活动上。③这些活动还导致了其他寻租活动或者"避租"活动，如果监管机构的官员在这些活动中享受了特殊利益，他们的行为会受到扭曲，因为这些特殊利益的存在会引起新一轮追求行政权力的浪费性寻租竞争。④利益受到威胁的企业也会采取行动"避租"，与之抗衡从而耗费更多的社会经济资源。

因为寻租的存在，市场竞争的公平性被破坏了，使人们对市场机制的合理性和效率产生根本怀疑。

综上可知，从经济学视野的角度分析，政府管制机构行为既包括为消除市场失灵所做的种种努力（即其在市场失灵中的潜在定位），也包括僵化的保护被监管者为谋取自身利益而降低效率、自身"寻租"所产生的各种负面行为。

二、制度的理论分析

1. 传统制度经济学的制度观

（1）对制度的理解。制度学派的开山鼻祖——凡勃伦认为，制度是一种自然的习俗，由于习惯化和被人们的广泛接受，这种习俗便成为一种公理和必不可少的东西。而制度学派的另一位大师康芒斯认为，制度是集体行为控制个人行动。安德鲁·斯考特对制度的定义：社会的全体成员都赞成的社会行为中带有某种规则性的东西，这种规则具体表现在各种特定的往复发生的情境中，并且能够自行

---

① 参见陈富良：《利益集团博弈与管制均衡》，《当代财经》2004 年第 1 期。

实行或者由某种外部权威实行。① 新制度经济学的代表人物诺斯则认为，制度是一个社会的游戏规则，或者更规范地说，制度是构建人类相互行为的人为设定的约束。制度包括正式规则（如宪法、普通法、规章等）、非正式规则（如行为规范、习惯和道德约束等）以及它们的实施特征（Enforcement Characteristics）。②

（2）制度的特征。一般认为，制度具有以下三个特征：

制度是人类适应环境的结果。我们可以推论：制度是一种人工产物。制度是新制度经济学和旧制度经济学的最大分歧：新制度经济学在分析时把制度看做是内生变量，因为它是人类行为的结果；旧制度经济学则强调制度是外生变量，因为人类的一切行为都是在特定的制度框架内做出的。这种看法其实是一个硬币的正反两面，但是经济分析方法的进步往往来自"将外生变量内生化"的探索，旧制度经济学的立场注定了它只能是"初步的见解"。

制度总是社会的规则。制度是为了调整人与人之间的相互关系，而人与人之间的关系之所以需要调整，主要因为资源相对于人的欲望和需求总是稀缺的。从社会福利的角度看，为了充分利用稀缺资源，人们可以通过各种方式实行合作；从个体的利益角度看，为了争夺稀缺资源，人们又相互冲突和竞争。

制度具有公共产品的性质。公共产品指在消费上具有非排他性而在供给上具有外部性的产品。由于制度是一种公共产品，制度的供给就不可避免地遇到"搭便车"问题。因为少数人创造出来的制度到头来总要给所有人分享，人们不免会期待别人去做，而自己坐享其成。同时，非排他性也意味着"强迫性消费"，由于人们的主观效用不同，所以"制度面前人人平等"意味着：一种制度总是对一部分人有利，而要强迫另一部分享受不到利益的人接受它。

制度的出现首先是为了降低人们相互交往中的不确定性。同时，制度又提供了一种社会的激励机制。社会的激励机制，就是要解决个人收益率和社会收益率的不一致。有效的激励机制，能使个人从事生产性努力的收益率接近或者正比于社会从他的这种努力中得到的收益率。遗憾的是，并非所有的制度都能提供有效的激励机制。有的制度安排的鼓励反而是分配性的努力，也就是经济学文献中常见的"寻租行为"。虽然这两种活动在本质上都是人们的寻利活动，但是其方式和效果则完全相反。打个比方：一种是要先把蛋糕做大，然后从中间分得自己的一块；另一种却是想方设法地要从别人做好的蛋糕中挖走尽可能大的一块。

---

① 康芒斯：《制度经济学》，商务印书馆，1983年。
② 卢现祥：《西方新制度经济学》，中国发展出版社，2002年。

寻租者所寻之租实质上都是人为的行政垄断造成的超额利润，所以寻租活动的盛行会导致政府对市场运行的过度干预。而且，如果寻租比寻利更加有利可图，就会使各种宝贵的社会资源浪费在对租金的追逐上，生产活动，尤其是创新活动则受到了极大的损伤，导致的结果是国民经济进入长期停滞的泥塘。

（3）制度的实施。制度的实施有三种形式：自我实施，即合约各方各自约束自己遵守已经制定的规则；互相实施，即合约各方互相监督，如果一方不遵守规则，另外的各方也可以"以眼还眼，以牙还牙"，用退出交易的方式警告和惩罚违约者；由第三方实施，即在合约各方一致同意的前提下，大家把监督合约实施的权力，包括由此而来的施加惩罚的权力交给第三方，以此提高合约履行的公正和效率。

严格来说，制度的实施从来就不是完全的。在原始社会和小社区里，存在着紧密的社会相互作用系统，社区成员拥有对彼此的充分信息。偷懒和机会主义行为很容易被发现，对这些行为的惩罚也是相当有效的。所以，在这种情况下，制度的实施主要依赖自我实施。

通过相互监督实施制度，需要多个前提条件：首先，要使游戏持续，必须保证是相同的游戏者重复游戏；其次，参加游戏的选手不能太多；最后，游戏者间应该有种信息交流机制，保证彼此间互相了解。按照博弈论的分析，如果满足这些前提，人们在自发的交往中就会有合作，并逐渐演变成一种有效的制度。先不论这些假设条件对现实的要求太过苛刻，单就惩罚措施本身这种公共产品来考虑，如何设计出一套激励机制，能够保证在出现犯规时，总有人挺身而出，对违法者予以迎头痛击，实在是不容易。

自我实施与互相实施两种制度实施方式都有过于严格的前提条件，其适用范围也很狭窄。许多情况下，第三方出面实施制度很有必要。不过，第三方会公正地实施吗？一般来讲，实施制度的第三方是垄断了暴力潜能的政府（包括行政和司法部门）。但是，正如布坎南和图洛克所指出的那样，政府官员也是有自己私利的经济人，他们是不可能完全把全体公民的目标函数当做自己的函数的。况且，所谓的全体公民的目标函数又从何而来呢？布坎南告诉我们，就连选民自己也不知道进入具体选择前有何想法。在西方世界的政治舞台上，我们可以看到的是，选民为了不同的利益形成了各种利益集团，只有那些更加具有谈判优势的利益集团才能在政治角逐中更加称心如意。

（4）制度变迁理论。由诺斯所倡导的制度变迁理论（狭义的新制度经济学）

从制度分析的理论侧面进一步论证政府对证券监管制度的选择。广义的证券监管制度的选择在制度的分析框架中可以被认为是由政府推动的自上而下的证券市场强制性制度变迁，它不同于自下而上的自发性的诱导性变迁。制度变迁理论认为，在初级行动团体即市场参与者形成（并具有一定规模）后，必须要形成次级行动团体，即市场管理者，从而在并非完全竞争的现实经济环境中依靠市场管理者来维护市场的共同利益。由于自律组织潜在的利益冲突问题而不能完全负担管理重任，所以市场监管的职责必须由政府及其监管机构负担。这种力量完全适合股票发行监管和制度选择。由政府推行的强制性制度变迁的理论意义：首先，股票发行监管制度是一种公共品，政府生产这种公共品比私人生产这种公共品更加有效；其次，能够及时纠正诱导性制度变迁可能带来的外部效应和"搭便车"问题所引起的非效率。

（5）制度的供给和需求理论。制度供给与产品供给一样，也是需要成本的，包括设计成本、实施成本等。但制度又是公共产品，一旦设计出来，别人就可以免费使用，因此制度的生产往往是不合算的。只有当制度带来的收益超过其成本时，才能被生产出来。影响制度供给的因素很多，主要有制度的设计成本、制度的实施成本、宪法秩序、现有的知识积累和社会科学知识的进步、非正式约束或社会文化传统与意识形态。

只有当制度带来的收益大于生产制度所要花费的成本时，才能变成现实的需求。制度的需求可以这样理解：在现行制度下的损失大于生产一种能够避免损失的新制度的成本时的需要。影响制度潜在需求转化为现实需求的因素很多，主要有产品和要素的相对价格、宪法秩序、技术和市场规模等。

制度均衡指的是人们对现有制度结构和制度安排的一种满意或满足状态，因而无意也无力改变现有制度。制度均衡是一种动态的、相对的均衡，是一种理想状态。制度的长期不均衡必然导致制度的变迁。制度不均衡的消除过程就是用新制度取代旧制度的过程，是制度创新的过程。

2. 制度的博弈论诠释

（1）博弈论视野下的制度观。诺斯认为：制度是社会的博弈规则，或者更严格地说，是人类设计的制约人们相互行为的约束条件。用经济学的术语说，制度是定义和限制了个人的决策集合。[①] 这些约束条件可以是非正式的（如社会规范、

---

① 诺斯：《经济史中的结构与变迁》，上海三联书店、上海人民出版社，1994年。

惯例、道德准则），也可以是有意识设计或规定的正式约束。正式规则包括政治规则（宪法、政府管制）、经济规则、合同等。诺斯对博弈规则和博弈参与人（组织和政治企业家）做了明确的区分，后者是推动制度变迁的主体，即规则制定者。他认为现存的博弈规则决定了参与人如何交易和创新的动机，因而在根本上导致了伴随相对价格变动而产生的对新规则的有效需求。

近年来又发展出了制度的博弈均衡观，包括进化的博弈论和重复博弈论。进化博弈论认为，参与人的行为习惯可以自我形成，不需要第三方实施和人为设计。当惯例演化时，参与人在进化选择的压力下，倾向于发展某些适用性更强的特征（如环境认知、偏好、技能等）。这样，惯例和参与人的特征共同演化。惯例也许最终会以法律条文的形式固定下来，从而节约了因变异和错误而带来的失衡成本。另外，用文字清晰表述人们习惯化的准则也有助于给出具体环境下的行动指南。

重复博弈论中运用了一些复杂的均衡概念，为每个博弈参与人界定了一个行为策略。该策略是在所有可能的博弈状态下行动决策的完备计划，每种特定可能下所规定的行动策略，必须在该可能性化为现实之时即"纳什均衡"实现，因而可以自我实施。

青木昌彦认为，制度是关于博弈重复进行的、主要方式的、共有信念的自我维护系统。[①]"博弈重复进行的方式"可以视为博弈规则。但是，他认为规则不是外生给定的，或者由政治、文化等决定，而是由参与人的策略互动内生，存在于参与人的意识中，并且可以自我实施。制度作为共有信念的自我维系系统，实质是对博弈均衡的概要表征，它作为许多可能的表征之一，起着协调参与人的信念的作用。制度也许存在于人们的意会理解中，也许存在于人们的头脑外的某种符号表征中。但在任何情况下，某些信念被参与人共同分享和维系，由于具备足够的均衡基础而逐渐演化为制度。

（2）制度分析的博弈论框架。青木昌彦认为博弈均衡制度适合进行制度分析。

对制度起源和实施要进行内生分析。如果人们接受传统的外生博弈规则论，直接的问题是制度究竟从哪里来，如何产生和实施。解决的办法是将制度看作博弈过程的内生稳定的结果，可以是政治、社会和经济领域，并尽量在一开始不界定博弈的技术性规则。

"历史是重要的。"在特定博弈模型存在均衡解的情况下，博弈制度观可以揭

---

① 青木昌彦：《比较制度分析》，上海远东出版社，2001年。

示制度中的"人为设计"① 的一面，而不是生态、技术或者文化决定的某些方面。如果对应于博弈结构的技术设定，博弈只有一个均衡解，那么该均衡就仅是技术条件的一个表征，而不是制度。格雷夫（1998）建议在运用均衡观点分析制度时，进行以下分析：①以历史和比较信息为基础，要区分哪些制度和技术因素是"外生的"，哪些是"内生的"即需要解释的变量。②建立对应特定背景的博弈论模型，其中哪些被界定为外生变量的因素定义了博弈的外生规则，然后解出所有的均衡解。③考察是否存在一些均衡解有助于解释内生性制度的性质。④研究哪些"历史因素"促成了对特定均衡的选择，由此确定历史对制度形成的作用。

制度间相互关联和相互依赖。博弈的均衡制度观提供了分析经济中各制度间相互依存的、可驾驭的理论框架。

不同的符号系统竞争而诱致的制度变迁。博弈均衡的概要表征制度观提出了考察制度变迁的一个新方法。当环境发生重大变化时，参与人形成的技能和决策习惯可能同时出现问题，引发"制度危机"。博弈共有的理念开始受到怀疑。对于新制度的出现，只有在当参与人的决策规则在新的条件下相互一致，其概要表征导致的个人的信念系统相互趋同时才能实现。这种转型不仅是在给定的博弈结构下从一种均衡向另外一种均衡的过渡，还包括从参与人一定的决策规则集合下的均衡向其他决策规则集合下的均衡过渡。当参与人的决策趋向均衡时，一种指导性的符号系统将与人们的经验相互一致，于是，这种符号系统成为镶嵌在参与人稳定信念中的均衡的概要特征，即制度。

3. 监管制度和市场治理机制的整体特性分析

一个国家的股票发行是否属于市场化方式，关键在于看其采用的准则，即核准制还是注册制。两种制度的主要区别在于核准制比注册制有更严格的进入壁垒。两类制度均同意股票发行监管的基本原则：充分公开；都源于防范欺诈促进市场公平性；降低风险和增强投资者信心等监管目标。但是注册制更加崇尚自由竞争的市场经济理念，而核准制更加强调政府监管。所以监管制度和市场治理机制的整体特性可以理解为核准制和注册制的整体特性。股票发行中要引入市场竞争机制即注册制有两个条件：首先，具备健全的市场机制和完善的法律基础和法制环境；其次，投资者具备足够的知识素质、信息分辨能力和成熟度。缺乏这两个条件必然导致道德危险和逆向选择行为的泛滥：优质企业因为组织结构的复杂而不

---

① 诺斯：《经济史中的结构与变迁》，上海三联出版社、上海人民出版社，1994年。

易被接受；劣质企业因为逆向选择而驱逐优质企业。资金配置效率由此而降低。此外，注册制也不利于政府具有产业结构的调整和发展战略导向的资本形成。上述若干因素也是发展中国家和新兴证券市场普遍采用核准制而非注册制的深层原因。

市场治理机制的核心在于追求规则的公平，通过这样一种公平制度的运作，达到市场效率的最大化。

首先，从公平的角度来考察。在核准制下，它明显有严重的歧视待遇，与市场经济要求的参与主体同等对待的精神背道而驰。股票发行者不仅需要按照法律规定公开所有必需资料并确保信息的真实性，而且必须满足若干实质性条件。证券监管部门将对股票发行者进行实质性审核，核准制奉行"实质性管理"（Substantive Regulation）原则，据此可以将不符合政府管制要求的低质量证券排斥在证券市场外面。这样使得那些前景较好，成长空间较大，但经营风险也较大的企业如高科技企业难以通过证券市场筹资，导致这些企业无法提高资本实力和抵御风险的能力。而且，政府由于天然的"血缘关系"，会对国有企业有较大的政策偏袒和较为宽松的上市审核，而对民营企业却有相反的举措。由于上市的门槛不一致，这样有失公平的水准，从而导致效率的降低。而在市场机制的注册制下，发行人只要充分披露信息，在注册申报后的规定时间内，如果没有被证券监管机构拒绝，即可以进行股票发行，无须政府批准。这样大大简化了发行环节，降低了发行成本，提高了市场的效率。

其次，从效率的角度看，由于核准制导致股票供给严重小于需求，这样就带来了发行垄断。由于上市公司少，站在投资者（如机构投资者）角度来进行分析。机构投资者并不需要仔细研究新股的基本面情况并谨慎报价，而是抱着新股必得的心态，尽可能提高价格来认购新股，以使得自己获得尽量多的新股，因为新股总可以带来无风险收益。如闽东电力发行时出现了88倍的市盈率，这种情况在市场竞争充分的国家难以想象。① 从筹资者的角度看，对新上市的企业来说最关心的是上市可以获得多少资金。他们可以通过虚报利润，粉饰经营业绩，而不是考虑上市后怎么提高经营管理水平来回报股东。② 他们拿到钱后，由于没有资金负担，

---

① 之所以认为闽东电力的88倍发行市盈率严重畸形，是因为其只是由几个发电厂拼凑起来的一家公司，作为一个普通的发电企业，88倍市盈率是高得离奇的。当然，国外也有发行市盈率更高的企业，但那是高科技企业，高市盈率有其合理之处。行业完全不同。

② 《公司8亿资金去向不明　闽东电力高管一走了之》，《财经时报》2004年11月21日。

使用资金更加随意，并经常更改资金用途，使得资金浪费严重，效率损失增大。市场的投资和筹资双方的行为都发生了程度不同的扭曲，降低了效率。同时，政府监管而非市场选择使得"寻租"行为盛行，繁重的发行审核工作及审核者和被审核者信息不对称使得监管成本和信息费用大为增加；政府担保在无形中降低了投资者的谨慎标准而产生另外一种道德风险。冗长而严格的审核程序增加了筹资者的守法成本和其他成本负担。这些政府失灵同样会降低资源配置效率。低效的管理削弱了资产组合和资源配置的最优安排，限制了筹资方与投资方的市场机会，降低了帕累托效率。所以新兴证券市场中，核准制带有更多的计划经济特征和传统的"父母官"情结，不适合自由竞争的市场经济环境，带来资源配置的低效。

对于以注册制为特征的市场治理机制，我们同样可以采用这种分析。由于进入壁垒弱化和市场竞争力量的推动，那些质量较差、风险相对较高的企业同样能进入证券市场寻得一席之地，这样就保证了市场参与主体在进入门槛上的公平。优胜劣汰的自由市场原则按照最基本的古典经济学理念最优地实现资源配置效率。政府要做的是强制性地使筹资者信息公开披露，防止欺诈和内幕交易等行为，从而满足资源配置效率对于证券市场公平性的先决要求。

以核准制为标志的监管制度在新兴的证券市场占主导地位，对公平和效率两个监管的主要目标会有所削弱，但是它弥补了薄弱的法制管理基础和投资者素质低下带来的巨大风险。其理念是认为反欺诈的条款还不足以有效规范市场，因而力求事前干预，将不适合向公众公开募集发行的企业拒之门外，但由于国情不同，核准制在不同国家实行的效果不尽相同。而以注册制为基础的市场治理机制在成熟的证券市场占主体地位，因为成熟市场中具备健全的市场机制和完善的法律基础和法制环境，以及投资者具备足够的知识素质、信息分辨能力和成熟度，这样充分保证了公平和效率。

第二节　相关文献回顾

我国《证券法》并未对何谓股票发行做直接定义。股票发行，简言之，就是指发行人通过证券经营机构向发行人以外的其他社会公众就发行人的股票作出的要约邀请、要约或者销售行为。[①]

---

① 国务院颁布的《股票发行与交易暂行条例》。

中国人民银行研究局局长谢平在中国人民大学就"现代金融监管理论和中国金融监管中的问题"发表演讲时认为"在经济学的分类中，金融监管还没有成为一个分支"；辽宁大学白钦先教授也认为迄今为止，金融监管理论仍然是不完整、不成熟，甚至可以说刚刚处于萌芽状态。

一、国外相关研究回顾

股票发行是证券市场的一部分，证券市场又是金融市场的一个部分。股票发行市场作为一个在外国已非常成熟的市场，鲜有以对其监管作为对象的研究。回顾国外文献，宏观是研究金融监管，微观则具体研究股票发行中涉及的主要技术因素，如信息披露、发行法律制度、公司治理、会计处理、IPO定价等。

1. 简单回顾

对于金融监管理论，Beck、Demirguc-Kunt 和 Levine（2003）做了一个简单的回顾，武汉大学江春教授在此基础上系统地将国外关于金融监管的理论划分为四种：公共利益理论、政治理论、权衡理论和法律理论。

（1）金融监管的公共利益理论（Stigler, 1971；Becker 和 Stigler, 1974）。它建立在政府拥有充分信息、为社会整体福利服务以及具有完全信用三个假设基础上，认为由于市场存在信息不对称、交易成本、不完全竞争和"搭便车"行为等现象，私人不可能去监管那些实力雄厚的金融机构，只有通过政府对金融机构的监管，才能够克服市场失灵所带来的负面影响，改善金融机构的治理水平，从而提高金融运行的效率，维护金融体系的稳定。金融监管公共利益理论的基本思想主要体现在两个方面：一方面，积极鼓励政府参与银行的经营和管理，实现对金融的直接控制；另一方面，通过增强政府金融监管的权力，发挥政府在金融监管中的作用，可以弥补市场失灵所带来的问题。

（2）金融监管的政治理论（Olson, 1965；Becker, 1983；Tullock, 1967）。在现实中，人们发现政府对金融的监管在大多数情况下都是失败的，因为政府作为一个拥有自己独立利益的特殊市场主体，它并不能最大化社会的福利。一方面，政府的金融监管政策往往会被少数既得利益集团所左右，因为利益集团为了自己的利益必然积极地采取各种手段影响政府的金融监管政策，这样，金融监管机构最后常常被捕获（Capture）；另一方面，政府对金融机构的过多管制行为进一步增加了市场中寻租的机会，破坏了市场的正常竞争秩序，这不利于金融的长期发展。因此，金融监管的政治理论认为，要充分发挥竞争和开放机制在金融监管中的作用，防止既得利益集团对金融发展的抑制。

（3）金融监管的权衡理论。该理论认为金融监管中市场失灵与政府失败同时存在，这要求人们在两者之间进行权衡（Shleifer 和 Vishny，1998；Hay 和 Shleifer，1998），实现社会福利的最大化。金融监管的权衡理论试图通过一定的机制设计，一方面避免政府在金融监管中的"掠夺之手"（Grabbing Hand），而保持它的"援助之手"（Helping Hand）；另一方面发挥市场的监督机制，避免政府的侵害。金融监管的权衡理论观点主要体现两个方面：一是要增加金融监管机构的独立性，降低金融监管机构被政府利用和银行捕获的可能性；二是要提高私人监管的能力和积极性。

（4）金融监管的法律理论（La Porta、Lopez-de-Silanes、Shleifer 和 Vishny，1997、1998、2000；Beck 和 Levine；2003）。该理论认为，在市场经济中，法律制度是投资者权利的主要来源，而在金融监管中，金融监管的效率关键在于实现对中小投资者权利的有效法律保护。只有在投资者权利能够得到有效法律保护的条件下，才能建立有效的公司治理机制，金融才能真正得到良性发展。主要观点：①在法律条文上对投资者权利进行详细的规定和保护。②通过改善法律的执行质量，提高执法效率，使投资者权利能够得到实际有效的执行。

另外还有"经济合同理论"：该理论最初是用于工业和公共事业监管领域。将合同理论应用于金融监管领域比较早的介绍有 Bhattacharya 和 Thakor（1993）。金融交易包含着金融机构和金融消费者之间、金融机构和监管者之间、监管者和社会之间显性和隐性合同的复杂结构。监管可以被视为被监管者和监管者之间的一系列隐性合同关系，合同决定了签订该合同的各方应该遵守的行为，以及对违约方可能采取的措施。设计得好的合同可以促使金融机构的行为避免或者减少系统性风险；反之，则可能在金融活动中产生系统性风险。

国外关于股票 IPO 微观技术方面的文献很多，比如从 20 世纪 60 年代开始，对首次公开发行股票 IPO 的理论研究不断深入，其中关于 IPO 全球折价现象、新股热销现象、长期偏弱现象是研究最为深入的几个领域。Jain Kini（1994）对首次招股的美国公司在招股后的总资产报酬率或营业表现研究发现，发行人的资产报酬率在招股后均有下降趋势。他针对这一研究结果给出的解释是：上市后的代理人成本上升，管理层通过盈余管理提高首次招股业绩；首次发行安排在业绩好时，良好业绩无法保持。

2. 对发展中国家、新兴市场经济和转型经济国家金融监管的研究

（1）这些国家监管的制度安排问题。一些西方经济学家认为，在新兴市场经

济和转型经济国家，由于市场失灵现象比发达国家更严重，而且内部控制机制尚未建立，所以应该实行更为严厉的监管制度（Goodhart 等，1998）。另外一些经济学者则采取一种更为慎重的态度。格莱泽等人的研究（Glaeser 和 Shleifer，2003）认为，在保护私有产权的法制环境很差的情况下，越严厉的监管可能越糟糕。在极容易受腐败或者胁迫影响的极端情况下，适宜的制度安排可能既非法律也非监管限制，因为所有这些都容易受到破坏，社会成本都很高。这一理论有可能解释在这些国家为什么普遍存在监管失灵现象。

（2）从发达国家移植金融法律法规的问题。对于这些国家是否可以直接移植西方国家成熟的金融市场法律法规问题，Pistor 等（2002）认为，法律的不完备性影响了法律移植的效果。法律越是不完备，移植的效果就越差。而这些国家的法律较发达国家而言，更加不完备。所以，并不能简单地以为将那些成熟市场经济国家的金融法律法规移植过来就能够解决它们的问题。

二、国内有关研究回顾

1. 关于金融监管的研究

谢平（2001）提到了涉及金融监管理论的 15 个问题：金融监管是非常必要的；最优监管规则理论；监管者竞争理论；关于监管的成本效益分析；金融监管与金融创新的关系；监管的政治学分析及对监管者的监管；等等。

白钦先（2000）认为现存的金融监管制度、体系、监管方法和手段还远不足以从容地应付风险日益提高的金融体系的安全稳定问题。西方金融监管理论是以比较成熟发达的市场经济为背景的，对于不发达国家和地区的金融监管问题则很少涉及，这使金融监管理论成为发达市场经济国家的金融监管理论缺乏普遍适用性，更缺乏对不发达国家和地区广泛存在的市场发育不充分条件下金融监管问题的关注。此外，金融监管理论也忽略了许多从计划经济向市场经济转轨国家的金融监管的理论探索。

王霞（2000）认为金融监管有四个方面的理论基础：①金融体系的外部性问题。②信息不完备和信息不对称，金融业经营当中存在的比较严重的信息不完备和不对称会对整个经济和社会公众的利益产生普遍性的影响，因此，解决信息不完备和不对称问题就变得非常必要。③金融体系的公共产品特性。④金融机构自由竞争的悖论。对金融机构来说，充分的自由竞争并不必然导致效率的提高，相反，自由竞争和稳定之间存在着明显的替代性。正是由于金融机构既不能过度竞争，也不能排斥竞争而导致垄断，所以需要一个外部力量为金融业创造一个适度竞争的环境，从而维持金融业的公平、高效、稳定。

另外，秦宛顺等（1999）运用成本—收益分析方法和林海（2000）运用合约理论对中国金融监管机制做了有益的探索。郑超愚等（2000）初步构造了不确定条件下同时涵盖外部性、非对称信息以及金融机构与监管机构目标不一致性因素的一般性金融监管理论模型，在创建金融监管机制实证分析理论框架的方面作了初步尝试。

2. 关于证券监管的研究

洪伟力（2000）从考察证券市场的政府与市场关系角度，通过中西方证券监管比较的角度对证券监管进行了研究；庄序莹（2001）从"经纪人"角度对证券经济运作的理论目标、政府、市场与证券经济的作用，同时对中国证券市场的监管主体、监管政策以及发展的建议与展望做了研究；陈耀先（2001）运用大量翔实的背景资料，对我国证券市场的监管现状、规范、改革与稳定以及发展的建议作了分析与讨论；任强（2001）对中国证券市场监管体制的产生与发展的过程以及中国证券发行市场、交易市场、服务市场监管的特点以及存在的问题进行了阐述。吴利军（2001）从信息的角度对证券市场监管的框架进行了分析。严武（1998）、周宗安（1999）、R. 黛尔（2000）等还运用比较研究方法对各国的证券监管进行了比较研究，研究其他国家证券市场监管经验以及对我国的启示。龙超（2003）将证券市场监管分为法律规制、行政规制、自律规制和媒体规制等；赵锡军（2000）从经济的角度对证券监管进行理论和制度的研究；盛学军（2004）、金泽刚（2004）等从法律的角度研究了证券监管中的公平与效率原则、法律规范等。李志军（2004）从政府监管的角度研究了证券监管，指出政府监管自身的法制化也是树立政府信用、推动市场诚信建设的重要因素。

3. 对股票发行监管的研究

林涌（2004）从股票发行决定权角度对中国股票发行监管制度演进进行了考察。朱利（2005）借鉴发达资本市场发展过程中的成功经验，指出既要保证《证券法》的权威性、严肃性和可操作性，又要赋予证监会一定的权限，发行审核制度应具有前瞻性等对改革股票发行监管制度提出了建议。卢春泉（2004）对我国现行证券发行监管制度的特点进行了深入的分析，提出了建立科学发行监管制度的目标，并就改进现行证券发行监管方式提出了一些具体设想。周冰（2004）在中国证券市场核准制的发行体制前提不变、通道制和保荐人并行的情况下，对核准制下发行监管法律法规变化及监管层思路进行了思考。朱武祥、成九雁（2004）建立了投资者—上市公司—监管者三方主体博弈的动态模型，考察了中国股票市场发行市场化改革的历史演变和市场影响，说明管制放松为何会导致股票市场萎缩。

通过以上回顾，可以得出简单结论：

（1）金融证券监管涉及的面很广，对此研究还很不成熟，还没有完整的体系。国内外的金融证券监管理论主要脱胎于政府对经济干预的经济学原理，更多的是研究金融体系和整个经济的相互影响，往往忽略了对金融活动本质属性和金融体系运作特殊性的研究。

（2）对股票发行的具体微观技术层面研究涉及比较多，但具体以股票发行监管制度为对象的研究少之又少；一般意义上的实务介绍和评论多，透彻的论证和理论分析少。

第三章 中国股票发行监管制度回顾

第一节 中国股票发行监管制度演变的时代背景

一、我国证券市场简单回顾

总体上看，由于新中国成立前的商品经济不发达和长期战乱，证券和证券市场自产生后没有太大的发展，处于十分落后的状况。新中国成立后，证券市场走过了一段由允许存在到逐步消亡的历程，1952 年 8 月，北京证券交易所停止交易，证券市场从此退出了我国的经济生活。以至于在以后的几十年内，大多数的国人对证券市场基本或完全没有认识，甚至根本不知道证券市场究竟为何物。

我国证券市场的真正发展是近 20 年的事，更准确地说，是中国共产党十一届三中全会以后才重新走入我国经济生活的，证券市场是改革开放的产物。具体而言，这一时期证券市场的发展大致可分为以下几个阶段：

1. 证券市场的重新萌发和起步阶段

这一阶段的时间大致为 1980～1990 年。1981 年我国恢复发行国库券，以国家信用形式向社会筹措资金，标志着人们久违的证券以国家正式认可的形式重新回到经济生活，股票从 20 世纪 80 年代初开始出现，但发行量很小，也并不规范。1984 年，北京天桥百货股份有限公司发行天桥商场股票，是定期、定息又分红，事实上不是现代意义上的股票。同年，上海飞乐音响股份有限公司发行股票，这是新中国第一张较为规范的股票，后作为新中国的第一张股票送给美国人并放在纽约交易所展览。1986 年，沈阳、上海等地开始进行企业债券和股票转让的试验，进行股票柜台交易。到 1990 年，上海、深圳两地共有 12 家股份有限公司的股票进行柜台交易。另外，证券经营机构也开始出现，1987 年，我国第一家证券公司在深圳经济特区成立。

2. 证券市场的正式建立阶段

这一阶段的时间大致为 1991～1992 年。1990 年 12 月 19 日上海证券交易所成立和 1991 年 7 月 10 日深圳证券交易所成立，标志着我国规范的证券市场的正式形成，日后不少人把两个证券交易所的成立当做我国证券市场的正式起点。之后，STAQ 法人股交易系统于 1992 年 7 月在北京挂牌开始法人股转让，不久 NET 法人股交易系统也正式成立投入运作，出现了"两所两网"的证券交易体系。1992 年 10 月，国务院证券委和中国证监会成立，确立了全国证券、期货市场统一的监管机构和监管体系的雏形。

对于以前被认为是资本主义象征的股票市场，人们的认识存在着巨大的分歧，争论尤其激烈。有人认为，股票、证券是资本主义的东西，但我国可以学习和模仿；有的人则认为，虽然实行改革开放，但是姓"资"姓"社"问题还是要有严格界限，有些东西不能够全盘引进。特别是理论界对投机还比较反感，也不能接受资本及证券市场等概念，认为搞证券市场就是变相地搞私有化。其间，国外同行对中国能否建立起一个有效的证券市场也是持怀疑态度，有关部门曾委托美国某投资银行进行交易所的设计，得到的答复却是被拒绝。在他们看来，中国当时还没有谈论证券市场的资格。

这场争论的核心，实际上是中国要不要建立和发展证券市场。1992 年，邓小平同志发表南方谈话，给这次争论画上了一个句号。邓小平同志强调："证券、股票，这些东西究竟好不好，有没有危险，是不是资本主义独有的东西，社会主义能不能用，允许看，但要坚决地试！看对了，搞一两年，对了，放开；错了，纠正，关就是了。关，也可以快关，也可以慢关，也可以留一点尾巴。"邓小平的南方谈话被简练为"允许看、坚决试、不争论"，它解决了人们思想上和认识上的迷茫，为中国坚定地搞社会主义市场经济奠定了基础，也为中国证券市场发展指明了方向。

3. 证券市场迅速发展和逐步规范化阶段

这一阶段的时间大致为 1993 年至《证券法》颁布之时。这一时期是证券市场迅速发展的繁荣时期，也是证券市场由不规范到逐渐规范的发展时期。1992 年后，证券市场出现了迅猛发展的势头，国内购股、炒股成为最热门的话题，甚至产生了一定程度的混乱状况。为了防止资本市场的风险，国务院于 1995 年向证券市场提出了"法制、监管、自律、规范"的八字方针。

1997 年我国可转换债券的试点工作正式启动。1998 年 3 月，首获中国证监会批准的开元证券投资基金和金泰证券投资基金在证券交易所上网发行。1998 年 8 月，根据党中央、国务院的部署，我国证券监管体制实行重大改革，撤销原国务院证券委，将其职能并入中国证监会；中国人民银行有关证券监管的职能也移交中国证监会；地方证券监管部门改由中国证监会垂直领导。中国证监会根据各地区证券市场发展的实际情况，在部分中心城市设立派出机构。这一重大改革确立了中国证监会在证券市场监管中的主体地位，改变了以往多头管理和分散管理的局面，提高了证券市场监管的集中统一度。

二、中国证券市场的简要评价

中共十一届三中全会后，我国开始了全面的经济建设，并且进行市场经济的探索。

那时我国处于供给不足、资金短缺的经济现状。企业的市场空间很大，但企业从银行获得的贷款很少，缺乏发展所需的资金。一方面，由于发行股票是一种不用偿还本金的融资方式，股票持有者是否获得股息需视股份公司的经营效果，在企业看来，这是很好的融资方式；另一方面，居民收入增多，也有投资的需求。这些因素促成了股市的产生与发展。但当时从政府到民间，均把股市当做筹资的方式，而没有注重其配置资源和投资的功能，没有注重配套制度的建设，结果把众多不具备发行股票条件的国有企业送到了股市中。由于争论，最后不得不实行了中国特有的股票种类的划分，即把股票分为国有股、法人股和流通股，实行同股不同价的政策。这是典型的工具主义，当市场缺资金时，就利用股市的筹资功能，而不关注股市的配置资源和投资的功能以及与相关制度的协调。虽然如此，从发展的现实状况来看，我国的股票市场发展非常迅猛，为我国的经济建设筹集了庞大的资金，也培育了规模较大的股市产业，这说明我们采取的策略是对的。

事实上，我们也不可能在初期就把相关制度制定完备，原因在于：①上层建筑还不能满足股市健康发展的需要。②人才缺乏，研究不够。③计划经济遗留下来的痼疾太多太深，制度建设的阻力太大。④法制建设和信用制度的培育是一个长期的过程，而我国所处的国际环境却不允许在经济发展上停止脚步去等待。由于现实中存在发展经济的紧迫性，因此必须找到发展经济的突破口。当时企业缺乏发展的资金，因此借用股市的筹资功能就成为突破经济发展"瓶颈"的手段。寻找突破口的过程也是采纳工具主义的过程。工具主义既是缺陷也是我国股市发展的动力。

从政策环境的复杂性来看，中国证券市场诞生于一个特定的时期，受政治环境、经济体制、意识形态等方面的约束，中国证券市场从制度设计开始就偏离了正常的轨道。制度设计的最初目的，就是在保证国家（通过持有国有股）和集体（通过持有法人股）拥有对公司绝对控制。[①]

社会主义市场经济理论的确立和资本市场的产生与发展，是 30 多年来我国经济体制改革中所取得的具有深远意义的重大进展。但是，由于我国的资本市场是在新旧经济体制的剧烈摩擦和尖锐对抗的夹缝中产生和发展起来的，是摩擦双方和对抗双方相互妥协和不断"磨合"的结果，因而我国的资本市场从产生的那一天起，就带有"先天不足"的制度缺陷。多年来，随着改革的不断推进和人们对资本市场在认识上的不断深化，市场中的一些"原生"的制度缺陷正在不同程度地得到或正在得到矫正。我国股市在近十几年的快速发展掩盖不了留在后面的未得到梳理的众多难题，这些难题就像一条沉重的尾巴，拖住了股市前进的步伐。

这也是实行工具主义的必然结果，因为工具主义看重一时的效率，寻求的是突破口，把难题暂时搁置，在配套制度的建设上没能跟上，最终这些难题会极大地阻碍效率的发挥。最近几年股市的低迷就是这些矛盾的集中反映。具体而言，工具化的证券市场产生的问题很多。

1. 股权结构不合理

在我国股市发展的初期，由于市场中的规模以上的企业绝大多数是国有企业，而民营企业数量少、规模小，因而能够上市发行股票的只有国有企业。在对国有企业进行股份制改革的过程中，由于担心国有资产的流失，人为地把股份划分为国有股、法人股和社会公众股，国有股占控股地位，国有股和法人股不能上市流通，并且实行同股不同价，国有股的发行股价远低于社会公众股的发行股价，但各股却在分享股息时具有相同的权利，这完全违背了同股同价和同股同权的原则。由于国有股占控股地位，控制了公司的决策权和管理权，企业的管理者成了国有股东的代言人。而国家对国企管理者的工作成果的评价标准是规模的大小，而不是盈利能力的高低，这就刺激管理者好大喜功，不断增发股票，敛集资金，导致企业盈利能力低下，流通股价不断下挫，流通股股东利益受损。同时，由于国有资产的所有者缺位，导致内部人控制现象严重，公司治理效果差。自 2005 年开

---

① 将资产的剩余索取权和收益权放在同一方手里，将剩余控制权明晰地配置给一方或几方的组合，都是有效率的，但当时的中国国有企业不具备这些条件，政府对所有国有企业拥有最终用人权和重大决策权，使情况更加复杂。

始，监管部门下大决心开始股权分置改革。此举虽然会逐步解决非流通股的流通问题，但股权结构不合理、一股独大的现象在上市公司中仍然会长期存在。

2. 证券市场中行政化趋势严重

1990 年证券交易所正式设立以来，中国处在由计划经济向市场经济过渡的关键阶段。此过渡阶段总结为"全能政府"治理模式的转型，中国的政治、经济体制和国家—社会结构发生了令人瞩目的变化：政企分开、政府职能转变、中央与地方关系调整、行政机构改革、公民自主性逐步确立、社会自治空间萌生。与此相应，中国法律制度也经历了重建宪制，公、私法相对分离和公法体系初建的过程，成为政府管理社会的主要方式之一。

中国证券市场的诞生及蓬勃发展是"全能政府"治理模式转型的一个典型缩影：一方面，如果政府尚未尝试着走向市场经济，作为市场经济中的企业主要融资渠道之一的证券市场也绝无可能出现并受到政府的大力扶持；另一方面，中国的证券市场的发展从一开始就带着浓烈的时代色彩，政府给予的大力支持同时意味着其不可能脱离政府治理模式变革的背景。但是，作为市场经济极盛代表的证券市场，如果想保持公平、效率和不断创新，所需求的绝不是计划经济式的管理方式，不是上市额度的确定及其在各地区的分配，而是一个公平、信息透明、自由竞争的环境和一个能够促成和维护这种环境的监管机构。因此，证券市场对监管机构突破传统的计划治理模式、建立合理法制框架的需求显得更为迫切。

由于监管机构需要平衡发行公司和短期投机者两个方面利益，权衡他们的轻重缓急。监管机构一方面有很强的动力放宽标准，实现发行市场化，支持企业通过股票市场获得社会资金；另一方面，为了吸引投资者参与股票市场，同时还要维持社会政治安定，监管机构又必须给投资者必要的利益保护和激励。两个截然相反的目标，造成管制标准波动。这种关注一时的稳定，放弃明确的原则的监管思路，导致监管政策本身的摇摆不定，形成"一放就乱，一收就死"的怪圈。

行政介入得太多，其结果就会抑制了市场创新。证券市场实际上变成了一个提款机，行政介入过多，还会导致权力寻租的泛滥，因为行政权力垄断着行业内的许多资源。行政垄断已经成为渐进转型经济中最严重的腐败形式之一。由于它是通过国家法律、行政法规和规定的形式取得垄断权力的，因此也常称为法定垄断。

3. 信用缺失

信用是股市的支柱。由于我国建设市场经济的历史短，对信用的认识肤浅，因此在信用体制的建设上步履缓慢。建立股市信用的关键在于信息流通要畅快，信息披露的内容要完全、真实、正确。但是在现实中，上市公司在披露信息时不够及时或秘而不宣。在有可能影响公司股价的重大事件发生时，上市公司往往为了稳定股价不公开发布此种信息，但该信息却又在私下里传播，形成内幕交易。上市公司伙同中介机构作假已是公开的秘密。在股市发展初期，由于股票发行少，而购买者众多，炒作和投机盛行，导致股价不断上扬，形成表面繁荣，此时人们不大关注上市公司的信用。而当气泡破灭后，人们才去伪存真，最终认识到信用的重要。英国的"南海泡沫事件"和美国的"黑色星期一事件"从历史的角度给我们敲了警钟。现在我国股市的低迷，很大原因在于上市公司的信用缺失，失去了中小投资者的信任。

4. 法制建设落后

市场经济是自治的经济，更是法制化的经济。股市制度属于市场经济的内容，其必然也要纳入法制化的轨道。在我国，证券立法、执法和守法均存在疏漏，相对来说，立法和执法存在的问题更多。证监会制定的规范可谓多多，禁止性规定多，但在有关法律责任的规定中却轻描淡写，甚至是于法无据。例如规范中有"依法予以处罚"，但我们往往不知"依法"是依据的什么法。还有"构成犯罪的，依法追究刑事责任"，但我们也往往不知这里的构成犯罪是依据《刑法》的哪一条，甚至在《刑法》中根本没有相应的罪名。在执法中更是软弱无力，往往是在事情变得很糟了，没法收场的情况下，才予以处罚，没有防范机制。对券商、会计师事务所和律师事务所伙同上市公司的造假行为缺乏监督，甚至一些地方政府也加入了协助造假行列，造成了恶劣的社会影响。

第二节　中国股票市场发行监管制度演变历程

一、中国股票发行监管制度的沿革

1. 发行监管主体的演变

我国证券市场发端于计划经济向市场经济转轨的时代，这也是一个从简单利益主体向复杂、多元利益主体转变的时代，因此，监管主体的变化也必然带有利益主体变迁的烙印。

在中国证监会成立之前，股票发行市场监管主体包括国务院证券委、中国人民银行以及中央和地方的体改委、计委等政府部门。中国证监会成立之后，地方证管办相继成立。这些证管办隶属于地方政府，它们集政府利益、国有企业利益和投资者利益于一身。

国务院证券委在 1998 年 8 月被撤销后，其职能并入中国证监会，地方证券监管部门改由证监会垂直领导，证券市场主导监管者的权力开始集中统一。

依据《证券法》，目前的监管主体主要是指中国证监会及其派出机构、中国证券业协会及上海、深圳证券交易所等，其核心权力机关为中国证监会。中国证监会属于政府机构。① 证券业协会名义上是民间组织，实际上隶属于中国证监会。② 但从其职责上看，也有隶属于中国证监会的法律依据。③ 交易所的监管权力主要也来自中国证监会，④ 所以从监管体制上就可以看出，交易所和证券业协会很难起到自律监管的作用。

从上述监管主体的构成看，我国股票发行监管属于政府主导型，这与政府作为国有资产的所有者与管理者的双重身份背景有着极为密切的关系。监管体制是集中统一管理的，反映了我国证券市场"新兴＋转轨"的发展特色。其中，中国证监会的派出机构是中国证监会的直属部门，中国证监会对其有较强的控制权。从现行法规条文看，证券业协会和交易所的监管权责并不是很明确，但实际上它们严重受制于证监会，独立性很差。

2. 中国股票发行监管制度演变

我国股票发行监管方式的演变，总体上看是一个从审批制向核准制转变的过程，这是一个从实质性审核到合规性审核的转变过程。但从我国近几年的改革实践来看，核准制的建立并没有脱离实质性审核加价值判断的审批制监管思路，"全程监控，注重事前监管"的新兴市场特点并没有改变。

中国股票发行监管制度大致经历了以下四个阶段：

（1）"额度管理"阶段⑤（1993～1995 年）。主要做法是，国务院证券管理部门根据国民经济发展需求及资本市场实际情况，先确定总额度，然后根据各个省

---

① 《证券法》第七条规定，中国证监会是国务院证券监督管理机构，按照授权履行监督管理职责。

② 《证券法》第一百六十二条指出，证券业协会是证券业的自律性组织，是社会团体法人。

③ 《证券法》第一百六十四条规定的证券业协会履行的职责中包括：协助证券监督管理机构教育和组织会员执行证券法律、行政法规；国务院证券监督管理机构赋予的其他职责。

④ 《证券法》第四十三条规定，股份有限公司申请其股票上市交易，必须报经国务院证券监督管理机构核准。国务院证券监督管理机构可以授权证券交易所依照法定条件和法定程序核准股票上市申请。

⑤ 被戏称为分钱，国有企业"吃光了财政吃银行，吃穷了银行吃股市"。

级行政区域和行业在国民经济发展中的地位和需要进一步分配总额度，再由省级政府或行业主管部门来选择和确定可以发行股票的企业。[①] 在这个阶段共确定了105亿股发行额度，分两次下达，1993年下达50亿股、1995年下达55亿股，由省级政府或行业主管部门给选定的企业书面下达发行额度，然后再分配给各省市的企业。获得发行额度的企业向证监会报送发行申请，经批准后即可发行。这一阶段共有200多家企业发行，筹资400多亿元。

（2）"指标管理"阶段[②]（1996～2000年）。额度分配的办法导致各省市、部委为平衡利益，照顾更多的企业发行证券，限制企业发行规模。这一方面不利于实力强、规模大的企业发展；另一方面使证券市场供求失衡，不利于证券市场的发展。因此，国家1998年将额度分配改为"发行家数"，即由证监会规定各地方、部门发行股票的企业的数额，各地方、各部委在此数额内上报发行预选企业，供证监会进行审核。

审核分为初审和复审。初审是由证监会发行部对预选企业的申请文件的完整性、真实性和其他方面进行调查、查询和对证，提出反馈意见，而发行人根据反馈意见对申请文件进行修改、补充。复审是由证券发行审核委员会对预选企业的申请文件进行投票表决，提出审核意见。证券发行申请经批准后，证监会根据市场情况，确定企业发行股票的具体时间。这一阶段实行"总量控制，限报家数"的做法，由国务院证券管理部门确定在一定时期内应发行上市的企业家数，然后向省级政府和行业管理部门下达股票发行家数指标，省级政府或行业管理部门在上述指标内推荐预选企业，证券主管部门对符合条件的预选企业同意其上报发行股票的正式申报材料并审核。

1996年、1997年分别确定了150亿股和300亿股的发行量。这一阶段共有700多家企业发行股票，筹资4000多亿元。1999年7月1日开始实施《证券法》之后，虽然不再确定发行指标，但1997年指标的有效性一直持续到2001年。[③]

其间，为提高上市公司质量，在监管方式方面也出台了一些相应的改革措施。

----

① 基本上只有国有企业能得到指标，当然如果能量大，也可以通过政府关系把企业包装成国有企业，所谓的带"红帽子，"如前文提到的蓝天股份、综艺股份、鼎球实业等。

② 由于限制家数，不限发行数量，于是各地拼命地"拉郎配"，将几个企业捆绑上市，这样的上市公司质量是不可能好的。至少，几个独立的企业合在一起，相互之间的关系都没法摆平，很难一起协调发展。

③ 实际上1997年指标有些省市、部委的额度没有用完，只是由于审核标准比以前有所提高，有些省市实在找不出企业能基本满足要求并不是很高的审核标准，还有些省市则由于在额度分配上利益难以权衡，备选企业之间互相打架，最终贻误了申报时间。

1997年额度下放以后，证券监管部门对股票发行审核作了一些改革：一是要求企业先以发起方式设立股份公司运作一年，待证券监管部门对其改制运行验收合格后，方能申请其股票发行；二是要求股份公司董事、监事及高级管理人员必须参加证券监管部门统一组织的考试；三是要求拟公开发行股票公司在向证券监管部门申请股票发行前，必须由国家有关主管部门对其募集资金的投向进行审核；四是要求主承销商对拟发行公司进行为期一年的发行上市辅导。①

（3）"通道制"下的核准制阶段（2001～2004年）。核准制开始实施的初期，经过上市辅导工作，具备发行上市条件的企业数量急剧增加，市场的压力预期越来越大。为适应这一局面，有关部门推出核准制下的配套办法"通道制"，② 希望通过行政手段对券商同时推荐发行人数量的限制，实现对准上市公司数量乃至扩容节奏的控制。实行证券发行市场全面实施主承销商推荐及相配套的核准制度，力图形成市场参与主体"各司其职、各尽所能、各负其责、各担风险"的责权关系。但是，由于"通道制"的行政色彩较为浓厚，这种理想的责权效应并没有发挥出来。

中国于2001年3月实行了核准制下的"通道制"，也就是向各综合类券商下达可推荐拟公开发行股票的企业家数。只要具有主承销商资格，就可获得2～8个通道，具体的通道数以2000年该主承销商所承销的项目数为基准，新的综合类券商将有两个通道数。主承销商的通道数也就是其可申报的拟公开发行股票的企业家数。这一阶段共有200多家企业筹资2000多亿元。通道制下股票发行"名额有限"的特点未变，但通道制改变了过去行政机制遴选和推荐发行人的做法，使得主承销商在一定程度上承担起股票发行风险，同时也真正获得了遴选和推荐股票发行的权力。

与注册制的非实质条件审核相比，现行核准制是按实质管理原则，对证券发行申请进行实质条件审查的一种发行管理制度，即异化的审批监管制度。在现行

---

① 发行辅导自然有其积极意义，是证监会控制申报节奏的一种手段。

② 所谓"通道制"（又称"推荐制"），是指由证券监管部门确定各家综合类券商所拥有的发股通道数量，券商按照发行1家再上报1家的程序来推荐发股公司的制度。其具体运作程序是：由证券监管部门根据各家券商的实力和业绩，直接确定其拥有的发股通道数量，其中，规模较大的券商拥有8个通道，规模较小的券商拥有2个通道；各家券商根据其拥有的通道数量遴选发股公司，协助拟发股公司进行改制、上市辅导和制作发股申报材料，然后，将发股申报材料上报券商内部设立的"股票发行内部审核小组"审核，如果审核通过，则由该券商向中国证监会推荐该家拟发股公司；中国证监会接收拟发股公司的发股申请后，进行合规性审核，经"股票发行审核委员会"审核通过，再由中国证监会下达股票发行通知书；拟发股公司在接到发股通知书后，与券商配合，实施股票发行工作。

核准制条件下，证券发行权由主管部门以法定方式授予，只有取得审核机构同意其发行的核准文件后，发行申请人才可以据此进行拟发证券的募集与发行活动。按照现行核准制的要求，证券发行申请人不仅要公开披露所有与发行证券有关的真实信息，还必须符合有关法律和证券管理机构规定的若干必备条件。核准制下的监管机构为证监会或类似的证券管理机构，证券监管机构有权否决不符合实质条件的证券发行申请。

(4)"保荐制"下的核准制①（2004年10月以后）。保荐制的全称是保荐代表人制度，这是中国证券监管部门目前正在推行的一种股票发行监管制度。保荐制的主体由保荐人和保荐机构两部分组成，满足一定条件和资格的人方可担任企业发行股票的保荐人，凡具有两个以上保荐人的证券公司（或资产管理公司）可成为保荐机构，并具备推荐企业发行上市的资格。保荐制就其本质来说，是希望对证券发行设立一个"第一看门人"，即保荐人，凭借其在保荐过程中对拟上市公司的洞察、了解和勤勉尽责，从而达到选择质地优良的公司上市，提高上市公司质量的目的。与通道制相比较，保荐制增加了由保荐人承担发行上市过程中的连带责任的制度内容，这是该制度设计的初衷和核心内容。保荐人的保荐责任期包括发行上市全过程，以及上市后的一段时期（比如两个会计年度）。目前，保荐制已全面代替通道制。

证券发行核准制在坚持公开原则的同时，赋予了管理部门某些关键条件的价值判断权。这样既给投资者提供了通过公开信息资料进行自主判断的机会，也为管理部门严格把关作了制度上的安排。可以把一些质地差且风险高的公司排除在证券市场之外，使投资者的利益得到双重保障，有助于降低市场风险，维护市场的稳定和发展。

不过，核准制在具备上述优点的同时，也存在两个主要缺陷：一是审核机构的价值判断不一定完全正确，有时甚至会出现审核失误，使原本符合条件的公司，尤其是一些高成长性、高技术但高风险的公司发行受阻，不能及时从证券市场筹集到营运资金，既影响了企业的生产和经营发展，又有失证券发行市场的公平；二是审核机构事先对发行申请进行实质性审查，容易给投资者发出错误导向或使投资者产生依赖心理，误认为管理部门对通过发行审查的证券的安全性和收益性

---

① 有些所谓的保荐人，根本就没有主持过项目的经验，只是通过了一次考试就成为保荐人，不知如何能保荐。实际上只是负责签字而已，所谓的保荐制只是一种变通的"通道制"，因为只有那么多保荐人，每两个保荐人才能保荐一个项目。

等问题已作保证，从而放弃自主判断，这样不利于培养投资者自己驾驭市场和承受风险的能力。

从核准制的特点可以看出，这种发行审核制度有利于促进新兴证券市场的健康发展，比较适合于投资者素质不高、证券市场发展历史不长以及监管制度不完善和欠规范的国家或地区。值得注意的是，核准制的实质性审核目的并不是要取代投资者的自主决策。在该制度的具体实行过程中，管理机构有必要根据市场和投资者的成熟程度，逐渐调整审查范围，放松审查标准，最终将价值判断和选择权交给投资者。

二、对中国股票发行监管制度演变的简单评价

我国政府主导型的股票发行监管制度，为我国证券市场的发展做出了突出贡献，比如促使大量国有企业迅速转换经营机制、带动欠发达地区经济发展以及不断提高上市公司质量，等等。但是，随着证券市场的深入发展，政府主导型监管模式不可避免地存在一些局限性甚至缺陷，主要表现在以下四个方面。

1. 权责不清、政企不分，容易滋生腐败

在政府主导型监管模式中，监管机构既是政府机关，又是国有资产利益的代表，还是市场的中介服务机构。交易所、券商等中介机构缺乏必要的权力，许多本来由中介机构承担的义务，却要由政府来承担，使证监会成为市场各种矛盾的焦点。

此外，从新股发行的审批机制看，在政府主导型监管模式下，"政府层层左右"的发行制度，要求企业发行获得政府批准，而且地方政府负有对企业实质性内容审核责任，这造成政府涉足企业经营事务，职责关系模糊。

在政府主导型监管模式中，政府既垄断发行市场，又缺乏必要的权力制衡机制，容易滋生腐败。对企业而言，只要发行获得政府批准，就意味着可以获得大量资金和增加无形资产。因此很多企业往往不顾经营质量，利用非法手段，勾结政府官员，骗取上市资格，这样的例子屡有发生。从这个角度说，政府主导型的监管模式在保护投资者利益方面存在着较大缺陷。

由于政企不分，我国一直在发行市场上向国有企业倾斜，而对民营企业支持不足，这不仅不符合市场的"公平、公正、公开"原则，而且破坏了国有企业改制所需的竞争环境。一般而言，企业改革的动力往往来自外界的压力，没有压力环境，国有企业就"长不大"，政府的"保育"责任就放不下，这是一个恶性循

环。这也被过去的事实证明，大量的国有企业占有了绝大部分股票市场资源，但给股票市场带来的却是一个又一个的噩梦。

2. 证券市场供求矛盾难以解决

在政府主导型监管模式下，发行人从申请到最终发行股票，程序繁琐累赘，不仅加大了发行费用，而且获得批准成为整个发行工作的重点，企业、市场等因素退居其次，造成企业发行往往时机不对，不仅没有在最佳时机实现资源的优化配置，而且在一定程度上加大了股票二级市场的震动。从企业角度看，上市代价高昂；从社会角度分析，资源浪费巨大。为了证券市场股价稳定，保证国有企业能够以较高的价格发行股票和社会安定，政府一直保守地维持较慢的发行步伐，使股票供给一直处于一种短缺的状态，是造成发行市盈率高企和二级市场差价巨大的主要原因之一。

相对于审批制下的指标分配制度，核准制下的通道制在提高上市公司质量、保护投资者利益、追求市场公平方面取得了长足的进步。但政府仍然严格控制，导致企业发行速度依然缓慢，仍然不能改变股票市场供求失衡的问题，而且出现了新的不正常情况：由于通道数量有限，占用通道的机会成本较高，为了获得更高的承销收入，大券商往往会优先推荐规模大的企业，而小规模企业的发行上市变得越来越困难，其中不乏颇具投资价值的公司，只能将目光转向小券商。投行业务能力较弱的一些新券商，通过"卖通道"① 即能获得前期准备工作已经基本完成的项目。但是，如果主承销商没有进行前期辅导等详细的准备工作，那么对发行人的质量把关必定存在漏洞，而且一个项目先后在几家券商进行内核，显得较为混乱，无形中增加了社会交易成本，降低了资本市场的效率。

3. 效率不高

发行监管制度的效率主要指该发行监管制度引致的资源配置效率。发行监管制度的效率是证券市场效率的重要组成部分。从中国目前的实际情况看，中国现行发行制度的效率仍不尽如人意。主要表现为，在多数年份，上市公司经营业绩呈整体恶化趋势，其净资产收益率和每股收益的下滑趋势明显。与其他非上市企业比较，上市公司的净资产收益率与利润增长率并没有表现出明显优势，近年来反而有劣于非上市公司的趋势。

---

① 由于大券商手头项目多，但通道少，而小券商有通道，但没有项目，大券商只能把手中一些已经基本做好材料的项目转卖给小券商，或者拟上市公司弃大券商而去，自己找有通道的小券商。

导致发行制度效率不高的原因主要有以下三个方面：

（1）一些公司的治理结构存在严重缺陷，如非流通股比重较大且存在"一股独大"现象、控股股东"非人格化"、法人股权的流动性较差、公司内控失灵和严重侵害中小股东利益等。从股权上看，中国目前的股权安排是一种低效率的、不利于提高发行人自我约束的安排。中国的上市公司大量地脱胎于传统计划经济体制下的国有企业，所有者主体缺位和"一股独大"现象有其先天性。作为上市公司的大股东，国家股难以行使股东权利。在股东权利陷于真空的情况下，上市公司的管理层权力存在自我急剧膨胀的可能性，极易产生内部人控制的局面，难以建立良好的自我约束机制。

（2）信息披露的非对称性及失真。有些企业为了发行上市，不惜过度包装，在编制招股说明书时可能出现选择性披露（不充分）、虚假披露（如夸大业绩）①等不良行为，导致信息不对称及失真。同时，由于体制改革、特别是行政体制改革严重滞后，使得现行法制制度不健全。而法制约束软化，证券民事责任尚不能明确，对有关信息披露不真实、不及时的责任人的处罚缺少力度，使得信息披露质量不高。

（3）市场的资源配置功能尚未充分发挥。一般来说，只有上市公司能够持续地向投资者（股东）提供红利，才能引导资本市场的投资者树立起投资而非投机的理念，资本市场才能成为投资型的市场，资本市场的资源配置效率才能提高，发行制度的效率才能显现。由于中国的上市公司中普遍存在着"一股独大"及"所有者缺位"的现象，中小股东在上市公司中缺乏应有权利和地位，因此上市公司普遍不重视分配，以此截留大量的分红现金。在这种情况下，投资者获利的主要来源只能是股票交易的价差。股票的价值，在很大程度上是因为其代表了一种博取价差的筹码，而对于这种筹码的需求，远远地超过了其市场供给。在这种状况下，股票的高溢价就不足为怪了。目前，发行定价在促进市场资源有效配置的机理体系尚未完全建立，这是导致中国资本市场运行效率较低的深层次原因。

4. 积累了大量风险

发行制度的安全是指能筛选出优质低风险的公司在资本市场筹资，此外，应能够使发行人及各中介机构对其行为后果进行合理预期，并对超越法律或对资本市场造成不良影响的行为能够及时予以矫正，这样才能使市场安全有序运行。

---

① 造成这种情况的一个原因是我国会计准则还不完善，会计师执业道德也有待提高。

　　过去的行政审批制使得中国资本市场累积了一定的潜在风险。

　　(1) 风险之一：一些上市公司骗取上市指标，历史上曾有数起骗取上市指标的恶性事件。如 1997 年 6 月，红光实业正式挂牌上市，据其招股说明书所示，该公司具有连续 3 年盈利记录，是一家成长性好的绩优公司。但 1998 年 4 月 30 日，红光的年报显示，该公司在 1997 年度就亏损了 1.98 亿元，每股亏损额达 0.863 元。经调查，该公司为骗取发行上市指标，采取虚构产品销量、虚增产品库存和违规账外处理等手段，将 1996 年度实际亏损 10300 万元，虚报为盈利 5400 万元，将一个濒临破产的企业，包装成一个绩优公司。该公司公布亏损后 4 天，其股票就被实行特别处理。

　　2003 年 8 月初的《财经（周刊）》惊曝"银广夏陷阱"，披露银广夏年报业绩造假案，中国证监会的稽查结果表明，银广夏利用造假手段虚构利润 7.45 亿元。也许是怕不够热闹，8 月下旬，麦科特发布公告称，公司正在接受中国证监会对其欺诈上市行为的调查。而赫赫有名的医药类上市公司——三九医药因其大股东挤占、挪用公司 25 亿元巨额资金，严重侵害了中小股东利益而受到证监会的立案稽查。

　　与此类似的，还有大庆联谊。大庆联谊通过倒签文件、相关中介机构提供内容虚假的审计意见书、法律意见书、申报材料和股权托管证明，1997 年 4 月得以发行 5000 万股。实行核准制后，尚未发现骗取上市的恶性事件。相比审批制下的额度分配，核准制由主承销商推荐、发审委审核、证券监管部门核准的方式，使得所筛选出来的公司，其风险总的来说处于一个较低的水平。

　　(2) 风险之二：上市公司上市后业绩"变脸"事件屡有发生。以 2001 年为例，业绩亏损的上市公司家数为 155 家，其中"变脸"公司 26 家，超过了 1/6。变脸现象频繁发生，加大了业绩风险。问题暴露后，股价往往应声而下，严重损害了投资者的利益。

　　(3) 风险之三：随意改变募集资金投向。例如大庆联谊公司在招股书中列明拟投项目，资金后被控股股东挪作他用，严重损害了投资者利益。这一现象在中国的资本市场非常普遍，大大伤害了投资者的投资热情，引发了资本市场上的信任危机。

　　实行保荐制后，上述风险有望在一定程度上得到遏制。如果保荐人督导不力，在保荐责任期间出现严重的大股东、董事或者经理层对上市公司的利益侵占等现象，保荐人将承担连带责任。因此，保荐制变"关口式监管"为"管道式监管"，将会在一定程度上提高核准制的安全性。但是，从目前已经发生的案例看，保荐人是否有足够能力承担连带责任，需要进一步观察。

此外，从目前来看，对于发行人在上市过程中出现造假或隐瞒等违法违规行为，尚缺乏必需的配套法律法规支持。其后果是投资者特别是中小投资者的权利受到侵犯时，无法依照法律法规来追究有关当事人的责任，投资者的利益也无法得到保障。

我国的监管和法律体系，在对发行环节虚假陈述而引起的民事赔偿责任进行追究方面，还是明显滞后的。直到 2003 年 1 月，才出台了《最高人民法院关于审理证券市场因虚假陈述引发的民事赔偿案件的若干规定》，对有关当事人的责任进行了具体的规定，但实际操作起来还是非常困难的。

（4）风险之四：不利于投资者意识的培养。由于政府对申请发行股票的企业实施严格的审核，使投资者萌生依赖心理，往往忽略风险。如果政府把关不严导致一些质量差的企业上市，就会给毫无准备的投资者带来巨大风险。在这种情况下，政府作为企业上市的批准人，应负连带责任。因此，面对质量极差的上市公司，政府在贯彻退出机制时就会处于两难境地。

第四章 股票发行监管制度的
国际比较

第一节 国外主要证券市场的发展和管理体制介绍

一、西方股票市场的产生与发展

股票与股票市场形成、发展于西方的市场经济环境。在资本主义发展初期的原始积累阶段——16世纪的西欧就有了证券交易。当时在里昂、安特卫普已经有了证券交易所,最早在证券交易所进行交易的是国家债券。此后,随着资本主义经济的发展,所有权与经营权相分离的生产经营方式的出现,股票、公司债券及不动产抵押债券依次进入有价证券交易的行列。在资本主义发展最早的英国,300多年前,被称为"股票经纪人"的商人就已在他们的主要市场——伦敦交易所从事证券市场的一些简单业务。

市场经济是一种自治经济,市场中的经济活动以利润为中心,经济活动的目的是追求利润最大化。当获得利润的渠道在改变或者新的利润增长点出现时,作为"经济人"的市场主体就会构建新的市场契约结构,形成新的制度安排。16世纪的西欧已开始进入市场经济的自由竞争阶段,政府在经济生活中担负的是"守夜人"的角色。正是由于当时资本主义社会的自由竞争环境才孕育了证券市场。

在资本主义发展到一定阶段,靠企业本身的积累来推动经济的发展已显乏力,对于一些耗资巨大的项目,仅靠单个企业自身的力量已不能担负。但项目的巨大利润空间却又吸引着众多的企业,因此人们就自然地想到通过聚集多个企业或个人的资本来开发这样的大项目。由于资本的功能在于产生剩余价值,因此,项目的各出资者是一定要得到其相应的剩余价值份额的,在这样的背景下,一种新的市场契约——股票就此诞生了。①

马克思曾经在《资本论》中指出："股票，如果没有欺诈，它们就是对一个股份公司拥有的实际资本的所有权证书和索取每年由此生出的剩余价值的凭证。"正是因为股票和股市产生的诱致性因素——筹资功能和投资功能以及配置资源的高效性，才使人们在经济活动中相应地从自发到自觉地发展这种市场创新，最终形成一种不可或缺的融资方式。

英美发达国家证券市场的形成与发展是诱致性制度变迁的结果。英美发达国家的股市是由市场中的民间力量通过制度创新而产生并发展起来的，是一种自下而上的诱致性制度变迁过程。之所以能产生这样的制度变迁是由于具备了一定的条件：

（1）人们对股票和股市更有认同感，也深刻地理解这种机制的功能和相关的环境，进而自觉遵守相关的规则。由于这种机制是在市场中孕育并诞生的，因此市场中的相关交易主体具有对这种机制的需求，他们有相对较高的自觉性来维护这种机制的运行，对风险的认识也相对较深并保持着较高的警惕。在探求理论时往往是自觉挖掘、自我教育，自律意识较高。

（2）股票和股市机制具有稳定性、创新性和高效性。由于人们在观念上的认同，人们会自觉地维护机制的稳定性。另外，这种机制是为利润的增长而设计的，并且这种增长是在完全市场化的环境中产生的，因此，这种机制必然是一种具有创新性和高效性的机制。

（3）政府的干预较少。由于这种机制是由市场中的力量相互作用而形成，政府只是保持审视的眼光。这种机制的形成，只要是不违背公共利益和公正、公平的准则，政府往往是保持默许的态度。当此种机制的正向意义越来越明显，对经济和社会发展的推动作用越来越大时，政府也开始从旁观席走到前台，提供必要的制度支持。

（4）市场中的交易主体对信用的作用认识深刻，但这种认识往往是经过惨痛教训才得到的。股票和股市完全建立在信用基础之上。如果信用烂掉，这种机制就会顷刻间覆没。市场是一个逐利的场所，有时人们会为攫取暴利而破坏信用体系。

英、美等国在其证券市场的发展过程中，均有信用遭到严重摧残的历史。英

---

① 马克思曾经说过，如果没有股份公司，要个别企业自己兴建铁路不知要等多少年，也指出了股票所具有的巨大的筹资功能。

国在 1720 年发生的"南海泡沫事件",① 使得证券市场中的信用体系严重受损,英政府因此颁布《反泡沫公司法》,不允许企业自行发行股票。直到 1825 年,这个法案才被废除。美国在第一次世界大战前后,其股票市场投机极度盛行,最终导致"黑色星期一事件"的发生,对股市的信用体系也是一次严重的打击。这两次事件最后的结果都是由政府出面建立相关的制度来防范信用危机,但事件本身也为股民上了生动的一课,使他们认识到信用是市场经济的基石。从另一侧面反映了经济机制的发展从产生到成熟,必定有一个对其认识的深化过程,中间还可能产生消极的事件。同时证明政府作为市场的"看护人",如果过于放任自流,监管不到位,放松了对公正、公平和正义原则的监督,就会给市场带来极大的损伤。

二、世界证券市场三大主要管理体制

由于资本主义国家对证券市场的发展采取自由放任政策,直接引发了 1929～1933 年的世界性经济大危机。以此为戒,资本主义国家普遍加强了政府对证券市场的干预和管理。世界各国由于国情不同,证券市场发展时间长短不一,证券市场监管体制也就不尽相同,逐步形成了集中型、自律型和中间型的证券管理体制。

美国是集中型管理体制的代表。美国的股票市场实行分级监管,形成了一个监管金字塔。最高的证券监管体制是直属联邦政府的"证券交易委员会"(SEC),SEC 在证券监管上注重公开原则,它具有行政和半司法性职能。主要职责是依法对证券市场实行全面监督、管理;并在各州设立监管机构,管理其范围内的证券

---

① "南海泡沫事件"是世界证券市场首例由过度投机引起的经济事件。"泡沫经济"或"气泡经济"一词也是源于"南海泡沫事件"。

"南海泡沫事件"的始作俑者是英国的南海公司。南海公司成立于 1711 年,成立之初,为支持英国政府债信的恢复、该公司认购了总价值近 1000 万英镑的政府债券。作为回报,英国政府对该公司经营的酒、醋、烟草等商品实行了永久性退税政策,并把对南美的贸易垄断权给予了它。当时,人人都知道秘鲁和墨西哥的地下埋藏着巨大的金银矿藏,社会公众对南海公司的发展前景充满了信心,使得南海公司的股票多年来一直十分抢手,价格不断上涨。

1720 年 1 月起,南海公司的股票价格直线上升,从 1 月的每股 128 英镑上升到 7 月份的每股 1000 英镑以上,6 个月涨幅高达 700%。然而,南海公司的经营并未如愿,盈利甚微,公司股票的市场价格与上市公司实际经营前景完全脱节。

1720 年 6 月,为了制止各类"泡沫公司"的膨胀,英国国会通过了《反泡沫公司法》(The Bubble Act)。南海股价一落千丈,9 月直跌至每股 175 英镑,12 月最终跌为 124 英镑。"南海气泡"终于破灭。1720 年底,政府对南海公司资产进行清理,发现其实际资本已所剩无几,那些高价买进南海股票的投资者遭受了巨大损失。"南海泡沫事件"使好多地主、商人失去厂房资产,也引发了政治问题。此后较长一段时间,民众对参与新兴的股份公司闻之色变,对股票交易也心存怀疑。直到一个世纪以后,股份公司和股票市场才得以重新正名。

业。在金字塔的中部，自律组织——包括纽约证券交易所、其他交易所、全国证券交易商协会、各清算公司以及州证券规则制定委员会，监测其各自市场上的交易并监督其成员的活动。成员公司的监督部门构成这一监管金字塔的基础。监督部门监督公司与公众的交易，调查客户申诉以及答复监管机构的询问。SEC 作为一个独立的机构，不隶属于总统、国会、最高法院或任何一个行政部门。为了防止 SEC 擅权专断的流弊，在组织设计上以总统、国会以及最高法院分别加以牵制；同时以联系行政程序法以及 SEC 内部规则对其加以规制。这既保证了 SEC 对全国证券市场的统一、高效和富有权威性的监管，又保证了市场的自由与高效。美国虽然属于集中型的管理模式，但其自律组织的自律管理也相当发达，形成以集中统一管理为主、辅以市场自律的较为完整的证券管理体制。美国十分重视立法建设，具有完备的立法体系。美国《证券法》基本有三个层次：首先是证券市场的基本法和一系列与证券基本法相配套的证券关系法；其次是州立的"青天法"，其中大多重复联邦证券法条文，少数完全照本州的情况立法；最后是判例法。

相对于集中型证券管理体制而言，以英国为代表的自律型管理体制，更注重发挥证券市场参与者的自我管理作用。英国政府对证券市场的管理实行以自律管理为主，辅以政府有关职能部门实施监督管理的体制。自律管理系统主要由"证券交易所协会"、"股权转让与合并专业小组"和"证券业理事会"组成，即"专门小组"。其中，证券交易所协会是英国证券市场的最高管理机构，主要根据该协会制定的《证券交易所管理条例和规则》来运作。自我管理的结果表明，它们可以通过有组织的形式进行成功管理，从而代替贸易部等机构执行严厉的市场管理。如果发现不法行为，"专门小组"会将提案提交贸易部等，由后者调查和提出诉讼。可见，英国的自律管理机构实质上获得了政府的默示授权及国家强制力的支持，这也是维系其神圣权威的重要条件。当然，英国政府也随时对证券市场进行关注，并通过制定一系列不同的证券法案和与证券业相关的法案实现立法管制。英国证券市场的法律法规的制定分两种情况：一种是国家立法；另一种是证券业理事会制定的各种规章制度。

基于以上两种管理体制，以德国、法国等国为代表的中间型管理体制，是将立法管理和自我管理相结合的。德国对证券市场的管理实行联邦政府制度和颁布证券法规，各州政府负责实施监督管理与交易委员会、证券审批委员会和公职经纪人协会等相结合的证券管理体制。德国监管体制比较强调行政立法监督管理。

德国对证券业的管理监督，主要通过地方政府组织实施。德国在监管体制和法律体系上侧重于强调自律和自愿的方式，对一些法律规章的执行是非强制性的。

从世界证券市场管理体制的发展情况看，集中型管理体制与自律型管理体制有日益融合的趋势。英国尽管在证券管理上主要采取"自律管理"形式，但由于内幕人士及内幕消息等方面，政府仍有一定程度的立法管制，尤其是 1986 年《金融服务法》的出台，体现了政府机构日益采用立法手段参与证券市场管理。美国在强调政府立法干预的同时，亦不忽视证券交易所、证券商协会等机构功能的发挥。

第二节 发达市场经济国家股票发行监管制度研究

一、发达经济国家股票发行监管制度简介

世界各个国家或地区的股票都必须经过审核后才能发行，但是各个国家或地区发行审核制度又有不同。股票发行审核制度主要有股票发行注册制度和股票发行核准制度两种类型：

1. 股票发行注册制，即所谓的公开管理原则

注册制强调的是公开原则，比较有代表性的是美国。美国《证券法》要求发行证券的公司提供关于股票发行本身以及同股票发行有关的一切信息，主要以公开说明书为前提和核心。凡是公司在美国本土发行证券必须向证券交易委员会和证券交易所进行发行注册。除了享受注册豁免的证券外，没有经过注册审核的股票发行都是违法行为。

注册制要求发行人充分、客观地把发行人及发行证券的资料向证券主管机关提交并申请发行，经证券主管机关对实施形式要件审查并合格后予以注册，即可公开发行证券融资。从实施注册制的国家的情况看，股票发行注册制的实施，至少需要满足五个条件：一是该国要有较高和较完善的市场化程度；二是要有较完善的法律法规作保障；三是发行人和承销商及其他的中介机构要有较强的行业自律能力；四是投资者要有一个良好的投资理念；五是管理层的市场化监管手段较完善。

注册制虽然为市场化程度最高的形式，更能体现公开、公平和公正的市场原则，但它却弱化政府的实质管理，不利于对投资者的保护，特别是对中小投资者

的保护。

2. 股票发行核准制，即所谓的实质管理原则

核准制强调的是实质管理原则，以欧洲各国的《公司法》为代表。核准制的要求是证券的发行不仅要以真实状况的充分公开为条件，而且必须符合证券管理机构制定的若干适于发行的实质条件。英国《公司法》和《金融服务法》等规定，股票发行必须具备证券法律和股票发行规定的若干条件，经审查合格并通过许可后才能发行证券。

核准制既能体现市场经济的公平竞争，又贯彻了政府的实质管理，在当前发达市场经济国家中运用相当普遍。如德国法律规定，财政部在核准债券发行时还应衡量发行人的还本付息能力；比利时、法国、卢森堡等国的法律规定，政府可以劝告有疑问的证券停止发行。

3. 美国的发行监管制度

美国是集中立法型体制的典型代表。在吸取 1929 年世界性的经济大危机引发证券市场崩溃的教训后，从 1933 年开始，美国加强了证券法规的管理以规范证券业。美国建立了一整套专门的证券管理法规，包括《1993 年证券法》、《1934 年证券交易法》、《1935 年公用事业控股公司法》、《1939 年信托契约法》、《1940 年投资公司法》、《1940 年投资咨询法》、《1976 年证券投资者保护法》等。随着美国对证券市场管理的成功，日本、韩国、加拿大、埃及、以色列、巴西、新加坡、马来西亚等许多国家仿效美国采用了这种集中立法型管理体制。

美国证券市场的股票发行实行的是注册备案制，其最大特点是，监管机构（SEC）只对发行人和主承销商提交的公开发行材料进行注册备案，对公开发行材料作合规性核查而不作实质性的审查和筛选。因而，监管机构只是在发行人、发行中介机构和投资者等市场主体之间充当一个裁判员角色，为整个股票发行质量把关负责，充当第一"看门人"这一关键角色的则是主承销商。而履行好尽职调查（Due Diligence）义务又是主承销商能充当好角色的基本保证。

美国新股的发行定价主要采用同类上市公司比较法。承销商在承销新股时，将准备详尽的可比上市公司对照表，将发行公司与可比上市公司的一些重要数据、资料比较，包括市盈率、主要财务指标（流动比率、速动比率、资产负债比率、每股收益、销售增长率等）、股利政策、股息收益率等重要数据、资料。通过比较，确定一个比较稳定的备案价格范围，以引起投资者关注；再根据投资者的需求，由承销商和发行人商定发行价。发行价一般不低于在美国 SEC 的备案价。

在美国股票发行制度中，主承销商在股票发行上市过程中负有牵头责任，因而本质上有和英国、中国香港证券市场中的保荐人相类似的角色。

4. 英国的发行监管制度

英国是世界证券市场的发源地，从 1773 年到 1986 年金融"大爆炸"①（Big Bang）之前，英国基本上借助证券交易所的自律与权威来管理整个证券市场，政府不多加干预。此间，这种自律管理体制一直维系着证券市场的运转，在立法上基本没有专门证券法律，而由 1844 年《公司法》中有关公开说明书的规定、1958 年《防止欺诈法》中有关证券商登记的规定、1946 年《借贷控制及保证法》中有关规定来对证券市场加以规制，真正对整个英国证券市场行使监管职能的是以伦敦证交所为核心的七大证券交易所。它们为会员制定各项交易规则，主要有《证券交易所管理条例和规则》以及《上市规则》，以此规范会员交易行为。1986 年，英政府做出了被称为"大爆炸"的重大改革。为巩固改革成果，英国于 1986 年出台了《金融服务法》，取代以前的《防止欺诈法》和《公平交易法》，构筑起了英国证券市场管理的基本法。1988 年国际证券交易所实施《财务服务法》，将证券交易所的自我管制责任以法定形式加以确定，把保护投资者的各项具体规定加以充实与落实。这样英国在保留传统自律监管的同时，针对单纯自律体制的弊端，引入依法监管的某些做法，形成了以自律管理为基础、他律监管（以立法方式）为指导和补充的证券法新体系。

英国股票发行监管制度比较典型的是伦敦证券交易所挂牌市场的英国公司股票发行制度，其他如 AIM 市场股票发行制度及在英国上市的外国公司的发行监管制度皆以此为基础。

英国有金融服务局这样的全国性证券监管机构，但它并不直接审核股票发行。在英国，伦敦证券交易所是股票发行审核的唯一机构，英格兰银行仅对超过一定数额的股票发行具有审批权。公司发行股票需将其招股说明书及其他文件交伦敦证券交易所审核，伦敦证券交易所在股票上市审核中居于关键地位。

人们常常以英国归属自律管理模式为由否定其证券法的存在。事实上，英国

---

① 1986 年 10 月伦敦证券交易所实行了重大的金融改革：（1）允许商业银行直接进入交易所从事证券交易。（2）取消交易最低佣金的规定，公司与客户可以直接谈判决定佣金数额。（3）准许非交易所成员收购交易所成员的股票。（4）取消经纪商和营业商的界限，允许二者的业务交叉和统一。（5）实行证券交易手段电子化和交易方式国际化。这一重大改革主要是允许银行兼并证券公司，从而拆除了银证之间的防火墙。这些措施吸引了许多外国银行的大量资金，提高了英国证券市场的国际竞争力。

不仅存在形式，更注重实质意义上的证券法——自律性规则作用的发挥。这构成了英国证券法体系的基本特色，自律管理型证券法体系也因此得名。

5. 日本的发行监管制度

日本实行以大藏省证券局、证券交易审议会、证券交易监视委员会、日本银行（中央银行）等机构为主体的证券管理体制。同时辅以证券业协会、公司债券承兑协会、证券投资信托协会以及证券情报中心等团体的自律管理体制。其特点是在参照美国证券管理模式的基础上，遵循"公开原则"，加强政府行政直接或间接参与证券市场的指导和干预，且管理更集中、更严格。日本实行的也是注册制的股票发行审核制度。日本从1989年开始采用部分招标方式，即公募股票的一部分（>50％）以招标竞价的方式出售。股票的发行价格是通过以下程序确定的：①通过与同类的公司相比较，决定发行底价。②招标竞价。③依据招标的结果，协商确定发行价格。

日本十分重视立法管理。其证券法规主要有：《商典法》、《公司法》、《证券交易法》、《证券投资信托法》、《外国证券公司法》、《外汇和外贸管理法》、《担保债券信托法》以及有关行政规章制度和自律机构章程等。

尽管日本实行的是以大藏省证券局为主体的管理体制，对证券市场的管理，也采用法律手段、经济手段和行政手段等方法，但和美国以法律手段为主不同，日本证券监管机构更倾向于采用行政指导和直接干预的方式来管理，如日本中央银行对证券市场的管理主要采取直接或间接的行政指导和干预的办法。

日本证券交易所规定企业发行股票时，必须先向大藏大臣提交股票发行申请及计划书，必须公开股票发行的一切资料，如被发现有遗漏、故意谎报等现象，有关方面将负有赔偿损失的责任。

日本企业发行新股的方式有三种：

第一种是有偿增资。这是日本主要的发行新股的方式，其又可以分为三种具体形式：①对老股东发行新股认购证。②对特定的少数投资者发行新股认购证，由于这种私募发行对老股东的利益影响很大，故日本于1966年修改商法，规定即使公司法有规定，这种发行也必须获得股东大会的特别决议才可实施。③向不特定的多数公众发行。

第二种是无偿增资。无偿增资可分为两种形式：①根据董事会决议，将法定准备金转入资本账下，然后把与此相应的新股无偿发行给老股东。②根据"有关股份有限公司再评价公积金调拨资本的法律"及董事会决议，将再评价公积金折合成新股按比例分配给老股东。

第三种是搭配增资，指公司向老股东发行新股时，股东只需缴纳部分现金或实物，未缴部分由公积金调拨。

二、发达市场经济国家和地区股票发行信息披露简介

股票发行的信息披露制度是指发行人在公开发行证券时，根据法律、法规的规定，公开与股票发行有关的重大事实材料的一种法律制度。股票发行中奉行披露哲学，是当今世界各国证券法的主题之一。美国是最早建立发行信息披露法律制度的国家。美国证券专家认为："信息披露哲学在于，每个投资者应自己作出决定，这样市场才能自由地发挥其功能，从而有效地分配社会资金。为了使投资者作出决定，相关信息必须提供给他或她。"[1] "从这个角度看，管理者的工作是确定哪些信息应该公开并确保提供恰当的信息，即没有错误，遗漏和延误的信息。"[2] 这一段话道出了股票发行信息披露哲学的精髓。

1. 美国的股票发行信息披露简介

美国的证券承销制度主要建构在美国《1933 年证券法》和各州蓝天法的基础之上，并通过 SEC 的规定具体化。其原则是以充分的信息披露和防止人为操纵，SEC 的监管也主要建立在这两大原则之上。SEC 对信息披露进行形式审查，即只要发行人公开披露了其要求披露的信息即为已足，而不附加实质审查。各州则一般要对披露信息进行实质性的审查。

美国《1933 年证券法》基本上就是有关美国证券一级市场信息披露的法律依据，其主要目的在于提供"充分与公正的揭露"（Full and Fair Disclssure）。正如罗斯福总统在 1933 年所说的："与州蓝天法案不同的是，联邦证券法规并不是对销售的证券提供政府的背书。其主要目的在于提供攸关这些证券的重要信息给投资人，而不是要用政府的判断取代投资人的判断。"[3] 这也是美国的信息披露制度的宗旨。1934 年的《证券交易法》对信息披露也有一些规定。1982 年，美国 SEC 为了简化和明晰对信息披露的管理，制定了信息综合披露的制度。其主要体现为 S 系列和 F 系列表格及规则 S-K、S-X。表格 S-1、S-2、S-3 为公开发行人向 SEC 注册登记的信息披露内容，其中 S-1 表格为初次发行人申报所用，内容十分详尽；

①② 崔明霞：《证券发行制度研究》，《河北法学》2001 年第 2 期。

③ 转引自胡国成：《塑造美国现代经济制度之路》，中国经济出版社，1995 年。

S-2、S-3 则适用于已依《1934 年证券交易法》向 SEC 注册并定期申报满三年的发行人，为 S-1 表格的简化；F-1、F-2、F-3 则为外国发行人所适用的，内容与 S 系列表格相仿。S-1 表格包括 17 项内容，其中前 12 项内容需要载入招股说明书。这 17 项内容包括：①申报表前言与招股说明书封面外页。②招股说明书封面内页与封底外页。③信息摘要、风险因素及盈余对固定支出比率（Vatio of Earnings to fixed charges）。④募集资金的运用。⑤发行价格或决定发行价格的方法。⑥股份稀释（指由于内部人与公众购股价格的差异和期权方案造成的每股净值减少）。⑦出卖证券之证券持有人的基本情况（如果登记证券由证券持有人提供）。⑧发行计划（包销的有关情况，主要是承销协议的内容，包括稳定市场价格的方案）。⑨应注册证券之叙述（主要是其基本情况，以发行证券的种类不同而有不同规定）。⑩在登记表上署名的会计师、律师、承销商方面的专家与该证券的利益关系。⑪有关发行人的信息。⑫证管会对证券法责任补偿（Indemnification）的立场的揭示（有固定的内容，表明证管会认为对登记人的董事、经理人和其他主要工作人员由于违反证券法而应承担责任的补偿是不具有执行力的）。⑬其他发行费用。⑭董事、经理人和其他主要工作人员的保险和责任补偿（限于其职权范围，出于善意或为维护公司最大利益，包括诉讼费、律师费、判决协调费等支出）。⑮过去三年内未按 1933 年证券法注册证券之出售（包括销售概况、主要购买者和资金运用情况等）。⑯附件及财务报表、⑰对相关事项的保证。

2. 日本的股票发行信息披露简介

对于确立股票发行信息披露制度的必要性，日本法学界是这样解释的："企业规模扩大后，其发行的股票、债券等有价证券，一般说不会面向公众广泛地公开，这时再按原来的方式披露企业信息就不行了。了解有关企业的重要信息，对于股东、投资者、公司债权人等围绕企业的众多利害关系人，进行投资时或对公司行使其权利时，无论如何都是必要的。因为这一原因，就必须准确且及时提供并披露对于判断企业的实际情况所必需的资料。"

日本将股票发行信息披露制度分别用《商法》和《证券交易法》加以确立。但两者各自规定的内容并不相同。日本《商法》规定在公司发行股票时，要制作股东名簿。相应地，日本《商法》上规定的公司对股东所进行的信息披露就是专门以股东名簿上的股东为对象实施的。因为是由公司直接将有关资料送交股东名簿上的股东，将其又称为直接披露。向股东直接披露的文件中，主要有每逢定期股东大会时公司制作的资产负债表、损益表、营业报告书、利润分配方案、损失处理方案和监督报告书副本等。《商法》上的信息披露，是专门面向股东名簿上的股东进行的直接披露。日本《证券交易法》上的信息披露的对象主要是投资者。所谓投资者，主要是以今后购买该公司的股票的人为主，但也不限于此。例如，股东名簿上的股东今后也会出现卖出股票或增买股票的情形，他们也是投资者。根据日本《证券交易法》，对于投资者的信息披露有两种方式：一是直接披露，主要有劝诱代理行使表决权时的披露——通过说明书的披露等；二是间接披露，主要包括有价证券申报书、有价证券报告书、半期报告书、临时报告书、自己股份的回购与信息披露及安定操作的信息披露等。

除以上两种信息披露方式外，日本的证券交易所也对信息披露做出了规定。单从法律上来讲，公司只要按照《商法》和《证券交易法》进行信息披露就可以了，但证券交易所为了更有效地保护投资者的利益，又进一步作了更细致的规定。在证券交易所上市的公司，还要受到证券交易所的规定的约束。这种情况是其他国家所没有的。对此，日本法学界的解释是："随着金融风暴的出现，应更加强调投资者的自己责任，另外，也由于重视国际标准的观点等，对于买卖交易受到时刻发生的各式各样的公司信息很大影响的流通市场，及时地向投资者披露重要的公司信息的适时披露制度越发显得不可缺少。"一个典型的例子就是东京证券交易所，从 1999 年 9 月起，规范了过去要求发行公司适时披露信息的有关规定，对过去的《关于上市有价证券的发行者的通告规则》进行了必要的修改，名称也改为《关于上市有价股票发行公司的信息的适时披露规则》。

第三节　新兴市场经济国家股票发行监管制度研究

首先，与发达国家相比，这些国家的金融机构欠发达，金融体系比较脆弱，同时缺乏利用市场机制的能力。

其次，监管者还往往面临会计信息不透明，投资者保护的法律机制不健全等问题。再加上社会公众的金融业务经验和熟练程度都很有限，所以在这些国家，信息不对称的问题尤为严重。然而，更根本性的问题是：金融活动赖以开展的经济体系本身可能也存在问题。与工业化国家相比，它们的实际经济增长率、通货膨胀率、名义和实际汇率、利率、资产价格等波动性更大。

一、中国台湾发行监管制度简介

根据中国台湾《证券交易法》第二十二条的规定："有价证券的募集与发行，

除政府债券或经'财政部'核定的其他有价证券外，非经主管机关核准或向主管机关申报生效后，不得为之。"此外，根据《发行人募集与发行有价证券处理准则》第十二条规定，发行人办理案件，须依案件性质分别检具各项申请，载明其应记载事项，连同应检附书件申请证券期货管理委员会（简称"证期会"）核准后，始得为之；第十三条规定，发行人办理募集与发行股票事项时，除依前条规定办理者外，须依案件性质分别检具各项申报书，载明其应记载事项，连同应检附书件向"证期会"申报生效后，始得为之。由上述规定可以看出，中国台湾对于股票发行事项的监管方式是采取"申请核准"与"申报生效"同时并行的制度。这一风格融合了公开原则与实质管理原则的特点，有承袭模仿日本制度的痕迹，与中国大陆采取的核准制不尽相同。

在股票发行制度方面，中国台湾证券市场监管的目的在于监督股票发行的正常运作，以提高证券的品质和信用。股票发行监管包括：有价股票发行、上市、上柜调查；公司财务、业务等的初次公开及后续的公开披露，公开发行公司财务、业务的监管。其目的一方面在于确保发行证券的公司财务、业务状况维持一定水平，并做充分及时的信息披露，以作为投资决策的参考；另一方面则确保公司、政府能顺利地筹措所需资金，以利经济发展。

现阶段，中国台湾的股票发行监管主要采用以下政策：

（1）在管理原则方面，采取政府监管与从业者自律两种方式，以符合中国台湾证券市场渐进发展的实际需要。在自律监管方面，包括由证交所、柜台买卖中心及证券商同业工会扮演自律角色，对证券商财务、业务进行监督审核；建立证券商预警制度；证券上市上柜由证交所、柜台买卖中心负责审议。注重承销商、律师、会计师等专家的意见；建立共同责任交割结算基金制度，以连保方式强化自律精神等，皆是自律功能的发挥。这些自律功能配合主管机构的实质管理，以期达到相辅相成的功效。

（2）在管理制度方面，采取公开披露和实质审查并重的方式，强化市场广度、深度与纪律化、安全性。发行市场方面：①有关公开披露的部分，发行人于募集与发行有价证券时编制公开说明书，披露公司概况（含公司设立沿革、公司组织、董事会、监事会、资本及股份等）、营运财务状况、营业计划、资金运用分析计划。②如果在发行中信息披露不足，则证交所会进行实质审查，以确保发行公司的品质并进行例外管理。比如对于再融资发行，如果曾经被监管机构退回、不予核准或撤销；曾因违反法律经监管机构处分三次以上；最近两年度连续亏损；曾涉及非常规交易者，其再融资发行需经实质审查。这有别于一般发行采取的申报制的形式审查，目的在于确保发行的证券的质量。③为扩大股票发行广度、深度，中国台湾逐步放宽了上市标准。取消了原来的第一、二类分类，而以原第二类上市标准为修正后上市标准。另外为扶持高科技企业的发展，对高科技企业上市采取了较为宽松的标准，如没有获利能力、设立年限等限制。为了提高上市或上柜审查效率及确保上市公司的质量，除改革简化审查程序外，还赋予承销商及会计师更多的责任。

二、新加坡发行监管制度简介

新加坡政府于 1973 年颁布了《证券行业法》。1974 年 1 月，新加坡政府颁布和实施了《新加坡接管和合并准则》，以规范接管、合并事宜，加强了对投资者的保护。新加坡国际金融交易所（SIMEX）一切活动受到新加坡金融管理局颁布的《期货交易法》监管。此外，《银行法》、《公司法》也对证券市场有关内容作出了补充规定，从而构筑了较为系统的证券法律体系。

依据新加坡《证券行业法》，新加坡财政部和金融管理局是证券市场的主要管理机构。财政部是依法审批证券交易所设立的主管机关，建立和经营证交所需向财政部长按规定的格式和形式提交申请书，而且建立和经营证交所的公司实体也应以书面形式向财政部长提出申请，财政部长以书面形式公布批准或不批准证券交易所的设立。财政部长有权随时任命通晓证券业务、与证券经纪人及交易商没有联系的人员参加证券交易所委员会，以代表公众利益。

新加坡金融管理局负责证券交易所的日常管理，依法拥有以下权力：审批并颁发或吊销证券交易商、投资顾问及其代表的经营许可证；批准、修改证券交易所章程及其管理制度，证券交易所对其自身管理规章和证券注册制度作出修订、修改及废除之前，须向金融管理局提出书面申请以获批准；对证券交易所、证券交易商、投资顾问及其代表发布指令；对证券市场的活动进行检查，询问并索取资料文件；禁止某些证券上市交易；从维护公共利益出发，可对证券交易所发出有关证券交易的各种指令。当然，金融管理局行使上述权力时，证券交易所负有协助执行义务。

另外，依《证券行业法》成立的证券业理事会（Securities Industry Council）作为财政部长的咨询团体，需就有关证券业的事宜向财政部长提供建议和咨询意见。其成员由商界代表、政府代表和金融管理局代表组成，由财政部长任命。理事会在行使职权时，有权对证券业的有关情况进行询问、调查，有权要求有关人员提供必要的资料及证明文件，协调证券市场各方的关系。

新加坡交易所的具体运作方式。新加坡政府非常注重法治。新加坡证券市场建立在严格的监管机制上，且新加坡证券法律法规的相对透明，这使市场活动的参与者能获得充分的信息，减少了投资的风险，减少了投机。同时，严格的监管和市场开放相结合，使得新加坡的金融系统较为稳固，投资者对其也充满信心，因而有效地避免了金融风暴的冲击。在1997年亚洲金融危机中，新加坡是受影响最小的几个亚洲国家和地区之一。

新加坡股市的繁荣景象与新加坡有关部门对上市公司的严格监管密不可分。新加坡政府对股市监管的重点在于申请上市公司的透明度。在最初的审批阶段，与一些股市更加看重申请上市公司规模的做法不同，新加坡股票交易所审批时，更注重申请公司的诚信度和对其股票的控制程度，而非公司规模。另外，即使某股票已经开始发售，只要新加坡的金融主管部门认为该公司的文件中有误导投资者的地方，也可以勒令该股票停止发售。

三、中国香港股票发行监管制度简介

中国香港的证券监管是一种政府监管和行业自律相结合的综合证券监管体系。政府监管的主体是1989年设立的中国香港证券及期货事务监察委员会（简称证监会），自律监管的主体是中国香港交易及结算有限公司。

中国香港证监会负责监管中国香港的证券及期货市场以及有关中介的运作，并保证投资者的利益。中国香港联交所负责一线的监管工作，包括审批上市申请、监察上市公司、维持市场有效运作。

中国香港证监会可以就市场操纵行为及其他违法行为进行指控，包括违反《证券（披露权益）条例》的行为、非法买空证券的行为、经营无牌交易业务的行为、违反《投资者保障条例》的行为等，但不能代表公众提出民事诉讼。

中国香港证监会在调查涉嫌内幕交易案件时，如需采取进一步的行动，证监会必须转交财政司司长考虑，以决定是否需要内幕交易审裁处进行研讯，并做出最后裁定。

中国香港现行证券法把操纵市场定为刑事罪行。由于所涉及的市场手法及技术安排十分复杂，难以获取足够证据来证明市场操纵已达到刑事罪行的程度。为遏制市场失当行为，中国香港新的证券条例草案将提供民事途径，作为现行刑事途径的另外一种选择。把现在的内幕交易审裁处提升为市场失当行为审裁处，负

责处理内幕交易及指明的市场失当行为，并援用民事举证准则，即在决定有关案件是否有充分证明时，会以相对的可能性作为衡量标准。在中国香港，根据《普通法》，因市场失当行为而蒙受损失的人士，可通过对须为失当行为承担民事责任的人士提出民事诉讼来纠正。但是，在《普通法》内寻求民事赔偿的费用十分高昂，而且障碍重重，使得实际上很少有投资者获得民事赔偿。因此，中国香港政府在已经提交立法会的综合条例草案中将就市场失当行为明确确立民事诉讼权。

第四节　发达国家和新兴市场经济国家股票发行监管制度简要比较

证券市场发端于发达市场经济国家，并逐步发展到其他国家。新兴市场经济国家的股票发行监管制度基本都是借鉴于发达市场经济国家的监管经验，并加以本地化。虽然两种股票发行监管制度具有同源性，但美、英、日等国家经过多年发展，金融体系比较健全，在国际货币金融体系中居于主导地位，对国内国际金融市场有很强的控制能力。发展中国家几乎没有任何能力直接对它们的金融体系、制度或市场产生威胁，而且它们也不用担心受投机攻击而导致本国金融财富的流失和金融市场的崩溃。从新兴市场经济国家发展的历史阶段的角度来看，新兴市场发展过程中有很多共性的问题。比如，金融市场不发达，投资渠道少；游资又比较充裕，风险容易集聚，放大金融风险；法律、法规不够健全；信息披露、会计准则以及会计服务的水准还不够高；中介机构发展的水平，包括证券公司、基金管理公司、会计师事务所、律师事务所、评级公司的发展水平不够高；等等。从整体上来看，新兴市场的投资者结构一般来说不够完善，投资行为不够成熟，上市公司质量和成熟市场相比存在一定差距，公司治理结构也存在一些发展中国家所特有的问题，市场监管水平也有待提高。在这种情况下，市场的普遍特点就是投机性比较强，市场的阶段性波动比较大，发生违法、违规的案子也相对比较多。股票发行市场化制度安排的法制体系及环境不健全，难以控制股票市场制度安排变化的风险，特别是难以控制风险的扩散并波及社会。虽然有共性的问题，但新兴市场的情况也并不完全一样，由于经济发展速度和地域经济发展水平上存在差异，部分经济增长较快、改革推进得力的新兴市场，不仅使境内投资者有很强的信心，而且对境外投资者也有相当大的吸引力。

另外，大部分新兴市场和地区与美国 SEC 的法定执法权也有一些差距，这也为监管带来了一定难度。例如，美国 SEC 有调查权，可得到包括所涉银行的任何信息；有权不事先通知被调查者即可直接调查其财务、银行账户；有权传唤当事人，不接受传唤的被视为违法，有权申请永久或临时的限制令或强制令，有权申请禁止令和履行令。这些是中国等新兴市场证券监管者所不具备的。新兴市场经济国家证券市场的建设，除了需要完善信息披露制度和加强稽查与司法外，证券市场建设的成功还依赖其他配套改革。例如，政府行为的规范化、政企分开、司法完善、会计师和律师等中介机构的中立和诚信等。只要辅以充分的耐心和时间，诚信的证券市场是可以逐渐形成的。

第五节　我国股票发行监管制度的国际比较①

一、与发达市场经济国家和地区证券监管制度的比较

1. 股票发行监管发展程度不同

与我国相比，发达市场经济国家和地区证券股票发行监管具有制度完备、实施有力、注重法制、责任落实、重视效率等特点。

（1）制度完备：信息披露规则完善、可操作性强；重视公司动态信息的披露，鼓励预测性信息的披露；维持高标准的会计标准和严格的会计审计程序。

（2）实施有力：发达市场经济国家证券监管部门将股票发行中的信息披露执法作为日常工作重点，对于可能出现的证券信息披露违法行为，有完善、高效的责任追究机制，可以通过行政、民事和刑事程序追究违法行为人相应的法律责任。证券监管机构通过对呈报的信息披露材料进行主动审查和受理举报等方式，在尽可能短的时间里、尽最大可能发现信息披露违法行为，并按程序追究其责任。如英国 FSA 在 2000 年度共调查了 376 宗案件，其中 9 宗起诉到高等法院，有 360 名投资者或存款人获得了赔偿。美国 SEC 在 2000 年度，对违反财务报告的行为，SEC 通过行政程序处理了 68 宗案件，对 160 人追究了行政责任，提起了 32 宗民

---

① 现有的经验表明，在向制度先进的国家学习借鉴时，较为容易移植或者移植成功可能性较大的制度都是证券市场的技术性制度，如市场透明度规则、所有权披露规则和交易所等信誉中介组织所遵守的制度。这些制度具有同质性，较少受到各国特定的法律和政治体制、文化和历史等因素的影响。在发达国家，这些制度是通过投资者长期重复博弈和市场优胜劣汰的漫长过程自发演化而成的。但是，具有各国特质性的制度和规则被移植的可能性普遍较小，这需要一定的市场环境条件。

事诉讼，共追诉了 83 名被告。对违反发行报告要求的，提起了 3 宗民事诉讼，共追究了 6 名被告的民事责任。对未按期提交归档材料的，以行政程序处理 4 宗案件、处理责任人 5 人，民事起诉 4 宗、追究 4 人的民事责任。

（3）注重法制：发达市场经济国家证券监管部门始终强调股票发行中信息披露规范的一体遵守，信息披露监管的执法力度不随管理政策波动；监管机构的行政权与司法权界限明确，尊重财产权利，证券监管部门涉及对违法行为人的罚款和财产剥夺的处罚，必须经民事诉讼程序方能实现。

（4）责任落实：对在股票发行中违反信息披露义务的责任追究一般是以最终实际违法的个人作为处罚对象。

（5）重视效率：英国正在进行以降低股票发行中信息披露方面的成本为目的改革；美国《金融服务现代化法》也强调降低监管负担；各市场纷纷转向通过互联网等新技术提高信息披露效率。

我国证券市场虽然取得了长足的发展，但和发达市场经济国家的成熟证券市场相比差距仍很大。我国正处于向市场经济的转型过程之中，这决定了我国证券市场运行的特殊性和监管的艰巨性。其特殊性在于我国证券市场的运作是把许多计划经济思想和做法建立在市场基础之上，并不完全是市场经济和市场化的产物，从而必然导致市场运行和市场调控之间存在激烈的冲突。我国股票发行监管效果不仅取决于市场制度建设和监管架构的设计，而且在很大程度上取决于市场运行所赖以存在的社会环境、文化传统、产权结构、政策目标、监管机制和监管手段等诸多因素的影响和制约。我国的股票发行监管制度一直有浓重的政府主导色彩，即使现在股票发行实施了核准制，但与发达市场经济国家实行的基于市场选择的注册制和核准制均有着本质的区别，我国核准制仍有浓厚的审批制度的色彩。①

2. 股票发行信息披露的比较

信息披露监管的目标一般有两个：一是增加现有证券监管系统的有效威慑作用；二是给受侵害投资者提供救济与补偿的手段，充分保护投资者的利益。各国都把投资者利益保护作为证券立法的根本目标和基本原则，我国也不例外，无论是一般证券法，还是具体的信息披露的制度，都是以投资者利益保护为根本目标。

在西方国家中，中介机构和证券监管部门共同监督上市公司的信息披露，保证

---

① 不管是以前给券商报送一定家数企业的"通道制"形式的核准制，还是现在实行的要两个保荐人签字才能报送申报材料的"保荐制"式的核准制，实际上都有浓厚的计划色彩。

其出具的报告的真实性和完整性。而在我国，中介机构却在披露信息的真实性问题上，和上市公司一道与监管部门周旋，从而使监管和被监管的力量发生了很大的变化，在专业水平上使监管者处于劣势。毫无疑问，这大大地增加了监管的难度。

从股票发行信息披露制度建设来看，我国已初步建立起了一套较为科学合理的制度体系框架，实体法规范基本与国际接轨，但部分规范要求的实施程序还有待进一步完善。从信息披露执法与监管的实际效果来看，我国与发达市场经济国家证券市场相比还有较大差距，但与其他新兴证券市场相比已经达到较高水平。

核准制实施以来，我国股票发行监管制度在强化信息披露上取得了不小的成绩，但虚假包装、欺骗上市的现象仍屡禁不止，其中有中介机构不适应新制度的因素，但重要的是"诚信"理念的缺乏。因为缺乏"诚信"理念，证券公司、会计师事务所、律师事务所等中介机构的人员和拟上市公司的人员不能主动依照市场化的原则和规矩办事。为了信息披露真实、准确、完整、充分，他们甚至可以随意创造"真实"信息，例如更改募股资金用途。

因为缺乏"诚信"理念，证券市场各利益主体（包括地方政府）会本着法不责众的想法，以损害集团信用、主管部门（包括证监会）信用为代价，谋求个人经济、政治利益。在公有制的大背景下，各利益主体认为不诚信。例如，欺骗上市，是在谋求集体利益，个人本身没有得到好处，因此这种行为无可厚非。事实上，出了问题往往处罚单位，个人可以重新换地方任职或从业。在某种程度上，这种以损害集团信用、主管部门信用为代价的事情甚至得到地方集团、小集团的肯定——把能欺骗上市的人当做英雄。①可以说由于缺乏"诚信"的文化基础和文化氛围，各市场利益主体没有主动地反省违反诚信的代价，只是被动地接受监管。有些投机分子把中国人的聪明才智都运用在与证监会"猫抓耗子"的游戏当中了。然而，这种游戏却进一步损害了"诚信"的培养，引起市场震荡。

总之，我国上市公司信息披露主要问题是：

（1）不能及时发现问题。股票发行过程中的信息披露由我国证监会负责监管。从已经查处的案例来看，不少在招股说明书中作假的不法行为没有被及时发现。

（2）处罚不力。我国证券法中缺乏民事责任的规定，因此在实践中，对有关的违法违规行为一般都采用行政处罚的办法解决，但对受害投资者却没有给予补

---

① 因为他们凭借各种各样的活动能力从监管部门要来了指标，把企业包装上市，一定程度上挽救了其所在的国有企业。事实上，在那时能拿到指标，低成本（主要是寻租成本）弄来一笔钱让企业免费花，确实不容易，因为大家都想去要这种"补助"，竞争不可谓不激烈。

偿，从而没有对违规者起到有效的威慑作用。即使在行政责任和刑事责任方面，执法力度同样显得不够。许多作假的中介机构没有完全按照规定进行处理。

3. 社会诚信基础不同

我国证券市场作为整个市场经济体系的一个重要组成部分，其监管能力和执法效率受政治体制、经济体制和社会环境等多种因素的制约，在以法治为基础的现代市场经济尚未完全建立时，证券市场难以脱离国内实际而达到法治和规范。

在法律文化传统上，我国与西方国家存在显著的差异，西方国家有历史悠久的法治传统，其法律文化是典型的法治文化，而我国两千多年的封建专制历史培养了根深蒂固的人治法律文化，认为国家是靠人来治理，法律仅仅是一种治人的工具和手段。我国仍处于法治和信用社会的初始阶段，整个社会法制弱化，市场经济秩序尚未完全建立，从而制约了我国证券市场的监管能力和监管效率。

我们的传统文化缺少商品交易理念上的"诚信"观念，经过"文革"后，我国传统文化中为人的"诚信"理念又受到过无情的鞭挞。在几千年商品经济土壤里生存、发育的西方文化"诚信"观念，我们仅仅培育了几十年！我们还有很长的路要走。

从长远来看，股票发行核准制的顺利实施必须以"诚信"的文化环境作为坚实的基础。因此，从诚信培育的角度来看，真正的核准制的顺利实施任重而道远。证券市场市场化的进程将是马克思所描述的螺旋式上升的道路。

二、与新兴市场经济国家股票发行监管的比较

美国哈佛大学经济学家菲利普·沃伦斯（Philip A. Wellons）教授和斯坦福大学的法学家托马斯·哈勒（Thomas C. Heller）教授曾发表了他们对亚洲新兴市场经济国家金融市场发展与法律模式相关性的研究成果，沃氏和哈氏的分析方法概括起来是：亚洲新兴市场经济国家金融市场发展模式分为四种"构件"和 X、Y 两条"轴线"。

四种构件是："政府"（State），"市场"（Market），"法律基础"（Rule-based）和"任意性基础"（Discretionary）。两条轴线是：X 轴线为"分配型发展轴线"（Allocative Dimension），Y 轴线为"程序型发展轴线"（Procedural Dimension）。他们认为：X 轴线的发展方向是从"政府主导型分配"向"市场主导型分配"过渡的，而 Y 轴线的发展方向是从"政府任意型分配"向"政府法律型分配"过渡的。[①]

---

① 吴志攀：《证券市场、政府与法律的互动》，北大法律网，2000 年。

四种构件在两条轴线发展方向上的不同配置,可以推导出四种不同的组合,形成四种金融市场发展模式:①任意基础上的国家主导型模式(State Discretionary)。②法律基础上国家主导型模式(State Rule-based)。③任意基础上的市场主导型模式(Market Discretionary)"。④法律基础上的市场主导型模式(Market Rule-Based)。①

随着国际金融产业的进一步发展,跨国金融与贸易交易规模扩大、数量增多,特别是科技进步因素融入金融产业,使市场发展的规模与速度更加快了。同时,国际金融市场的风险也在加大,金融市场的自由调节需要付出较大的代价。亚洲金融危机前的泰国、韩国和马来西亚的市场都非常自由和开放,政府放手让市场自由调节,但是,同样是很高程度的开放与自由,中国台湾、中国香港以及新加坡市场的发展就不同于前面提到的亚洲新兴市场。它们更加注重市场本身的要求,将法律程序的自律调节和政府依法严格监管融合起来。特别是法律制度的建立与完善,政府由直接干预市场变为间接干预,让市场本身发挥更大的作用。

如果把我国证券市场的发展与其他新兴市场经济国家的阶段性比较,我国证券市场的阶段性还是十分明显的。1990年上海证券交易所成立前,基本属于停滞阶段,特征是股票鲜为人知、数量少、交易小、投资者只关注分红。随后进入操纵阶段,特征是股票仍很少,但一些大户、机构开始操纵股价。在此基础上逐渐进入投机阶段,投机阶段是如此的漫长,人们有目共睹。但是我国股市并没有像许多发展中国家股市进入崩溃和巩固阶段(虽然1992~1995年曾出现几次大幅度下跌,但明显有别于发展中国家因大量股票上市而造成股价下跌的原因),主要原因就在于我国股票的发行制度安排。在2001年5月之前,我国的股票发行和上市受到明显的限制和调节,因此,由企业行为造成的大量上市冲击难以达到。但是,2001年5月后情况发生了重大变化,即股票的市场化发行制度,深刻地影响了我国证券市场。市场化发行制度产生了巨大"威力"。因为股票发行市场化制度安排必须具备一些基本条件:①股市的现状是否适合股票市场化发行制度安排。②上市公司和实体经济基础是否支持股票市场化发行制度安排。③金融环境和法制建设是否能保障股票发行市场化制度安排。如果匆忙行事,就不仅是可能根本改变我国股市的走向,更加重要的是会使我国股市经历一个动荡和崩溃阶段。

---

① 一方面,我国股票发行监管基本遵循从"任意基础上的国家主导型模式"向"法律基础上国家主导型模式"转变,监管部门不太可能主动放弃手中权力的;另一方面,我国法律基础、社会诚信等还远未完善,片面地放松管制也可能给市场造成冲击。

　　发行制度作为证券市场各项制度设计中的一个重要组成部分，在各个国家不同的市场发展阶段，都经历了一个不断探索与逐渐完善的过程。新兴市场一般在证券市场建设的前几年里，采用以简单的原则为基础的信息披露制度，然后随着市场的发展和深化，逐渐将原则具体化和可操作化过渡到以规则为基础的信息披露制度。新兴市场都会面临如何将规则和原则糅合均衡：一方面防止规则被形式化；另一方面防止没有可操作性的原则被腐败的监管者滥用。

　　加强投资者对证券市场的信心是各国监管者共同追求的目标。我国经过多年的努力，监管理念逐步理清，市场监管不断增强，证券市场深度和广度都有了长足发展。但是，由于监管环境复杂，与其他新兴市场和成熟市场一样，证券监管值得改进的空间仍然很大，监管者任重道远。

　　"安然事件"及其美国在"安然事件"发生后的处理过程以及改革思路对我国等新兴市场的证券监管制度建设提供了有益的借鉴经验和改革思路。证券监管理念和体系直接影响证券市场的发展前景，影响公众对市场的信心。证券市场的发展到达一定的规模和成熟度时，例如，中国、韩国、巴西等国，应该把监管的重心放在促进证券市场建立有效的激励约束机制，并在完善各项市场机制的同时，着重放在对违法、违规事件责任人的事后处罚上。

　　很多新兴市场，包括我国，由于法律体系不够健全，对上市公司违法、违规的处理缺乏有力的手段，导致事后查处的力度不够。对于严重案件，除了少数适用刑法外，大多以行政处分和罚款为主，而且对公司处罚的力度要比处罚有关管理层责任人的力度更大些。而对上市公司进行处罚，直接受损害的是股东利益，由于很多国家有关股东的民事赔偿制度并未完全建立，导致管理层违规者所付出的代价与其在高风险下所可能获取的收益不成比例，因此处罚未能达到足够的警示作用。要增加证券监管机构事后查处的意识、权力和手段，用事后严查严处带来的恐吓力来弥补"防范丑闻公司于未然"的不足。

第五章 利益集团理论基础上的股票 发行监管制度分析

第一节 利益集团理论

一、关于利益集团的理论回顾

1. 利益集团（Interest Group）

利益集团最早产生于政治学领域。18 世纪，美国的一些政治学家注意到美国社会中出现了利益集团，于是开始研究这些利益集团在政治和社会中的作用。在西方政治学中，利益集团一般又被称为压力集团，它通常是指那些有某种共同的目标并试图对公共政策施加影响的有组织的实体。

关于利益集团的定义很多，并无定论。美国的詹姆斯·麦迪逊被公认为是研究利益集团问题的第一个重要的美国理论家，他将利益集团定义为："为某种共同的利益的冲动所驱使而联合起来的一些公民，不管他们占全部公民的多数或少数，而他们的利益是损害公民的权利或社会的永久的和总的利益的。"[①] 从麦迪逊的定义可以看出，如果说存在着一个所谓的社会的公共利益，那么，利益集团的局部利益是与公共利益相悖的，因而，利益集团的存在对于社会公共利益以及其他社会群体的权利都是有害的。关于利益集团的害处，另一位政治学家西奥多·洛伊提出了四个方面的主要批评：其一，它扰乱和破坏了人们对民主的组织机构及其制度的期望，并表露出它基本上对民主的不尊重；其二，它使政府变得无能，不能计划；其三，它以关心管辖权限（由那些采取行动的人做出决定）来代替关心正义（作"正当的事"），使政府道德败坏；其四，它用非正式的讨价还价来反对

---

① 转引自诺曼·杰·奥恩斯坦等：《利益集团、院外活动和政策制订》，世界知识出版社，1981 年。

正式的程序，削弱了民主的组织机构及其制度。①

但以上两人的定义显然是狭隘的，利益集团概念过分片面化，仅仅指那些为了自身利益而欲图损害其他利益集团的强势利益集团、既得利益集团、权力集团等。这些利益集团现实生活中当然存在，但并不能以他们来代替利益集团的概念，他们对利益集团的定义可能与他们所处的时代有一定关系，在社会还不民主、信息还不够畅通、社会监督还不是很有效的情况下，一部分利益集团确实会利用他们手中的权力去影响政府，为达到他们目的而损害他人利益。但在现代社会，民主力量已经比较强大，信息传递方便，包括舆论等监督力度越来越大，特定的利益集团也很难完全不顾忌别的利益集团的利益而任意妄为。

很多其他学者对利益集团都曾做过界定，比如美国学者戴维·杜鲁门认为："一个利益集团就是一个持有共同态度并对社会上其他集团提出某种要求的集团。"②美国另一个学者罗伯特·达尔认为："从最广泛的意义上说，任何一群为了争取或维护某种共同利益或目标而一起行动的人，就是一个利益集团。"③

在中国，经济学家厉以宁也较早地注意到了利益集团的问题。他认为："利益集团是一个不明确的概念，它是以经济利益为目的相联系的一种无形组织。所谓利益集团是指这样一些人，他们彼此认同，有着共同或基本一致的社会、政治、经济利益的目的。因此他们往往有共同的主张和愿望，使自己的利益得以维持或扩大。改革开放后，中国社会出现了若干个利益集团。但迄今为止，学术界对现阶段中国利益集团的研究是很不够的。"④

综合各家观点，笔者倾向于利益集团是个宽泛的概念。⑤ 简而言之，利益集团就是一个有共同利益或要求并为之而奋斗的社会集团。可以有某种组织形式，也可以是松散的利益联盟。利益集团的利益或要求是多种多样的，既可以是经济、政治、社会、文化或信仰等某一方面的，也可以是更集中于这些方面的某一问题。利益集团可以说是个中性的概念，有好的利益集团，如维权组织；也有坏的利益集团，如为达到本集团特定目的而通过游说政府等去损害其他利益集团的合法权利。

---

① 转引自诺曼·杰·奥恩斯坦等：《利益集团、院处活动和政策制订》，世界知识出版社，1981年
②③ 转引自李寿祺：《利益集团参政——美国利益集团与政府的关系》，《美国政治》1989年第4期。
④ 厉以宁：《转型发展理论》，同心出版社，1996年。
⑤ Group本身就有团体、组、群的意思。笔者认为所谓的利益集团可以是有组织的，也可以是松散的。为了论述方便，书中对"利益集团"和"利益群体"等不作具体分别。

2. 经济学对利益集团的研究

古典经济学研究的对象是居民户与厂商，而且假定条件是完全竞争，即居民户与厂商是原子式的，并独立做出决策。20 世纪 30 年代，乔安·罗宾逊第一次比较系统地研究了不完全竞争经济学，将勾结起来的厂商作为研究对象并建立了相应的模型，但仍是将厂商放在市场交易的背景下进行研究。到了 20 世纪 60 年代，经济学家奥尔森在其专著《集体行动的逻辑》中，较系统地分析了利益集团的形成及其内部运作情况，也涉及了利益集团影响决策的问题，但没有将利益集团的分析与宏观上的制度变迁过程联系起来。20 世纪 70 年代，布坎南等人研究公共选择时，首次成功地将经济学用于政府决策研究，但重点研究的是政府官员的行为决定，并且将官员也作为古典经济学中原子式的个人，而没有将其作为一个利益集团对待。

3. 进入 20 世纪 80 年代中后期，新制度学派在西方经济学界崛起，将利益集团作为研究制度演进过程中的一个基本单元

制度分析学者诺斯给制度下的定义："制度是一个社会的游戏规则，更规范的说，它们是为决定人们的相互关系而人为设定的一些制约。"[1] 新制度经济学认为，制度变迁是制度的替代、转换与交易过程。制度变迁可以被理解为一种效益更高的制度对另一种制度的替代过程，亦可以被理解为对一种更有益的制度的生产过程。

诺斯是新制度经济学的代表，他的制度变迁理论强调：制度提供的一系列规则由社会认可的非正式约束（包括价值观念、伦理规范、道德观念、风俗习惯、意识形态等因素）、国家规定的正式约束（包括政治规则、经济规则和契约等。但它不同于马克思主义原理中的政治规则和经济规则）和实施机制所构成。而社会生活是由成文的和不成文的规则、习惯、文化、心理等构成。只有对制度和制度结构的一般原理进行分析，才能解释社会形态范围内的制度变迁。

制度变迁理论中的路径依赖性决定了历史上不同国家的社会、政治或经济演进的不同模式。路径依赖性指的是制度变迁一旦走上某一路径，它的既定方向会在以后的发展中得到自我强化。正是过去做出的选择决定了现在可能的选择。沿着既定的路径，经济、政治制度的变迁可能进入良性循环，也可能顺着原来的路往下滑。

---

① 诺斯：《经济史中的结构和变迁》，上海三联书店、上海人民出版社，1994 年。

另外，诺斯、戴维斯等人在经济史研究中还专门研究了利益集团之间的博弈对经济制度变迁的影响过程。他们认为，制度演进的方向与一个社会中利益集团之间的博弈过程及结果相关。因此诺斯说："如果说制度是游戏规则，那么利益集团是玩家。"而按照不同利益集团在制度变迁中的作用而言，可以将制度变迁的动力分为两类：诱致性制度变迁和强制性制度变迁。

利益集团之所以推动制度变迁，是由于新的制度能够给其带来新增利益，所以利益集团会成为制度变迁的主导推动力量。由于制度变迁需要巨大的成本，有着共同利益的个人便愿意以集团的形式去进行制度变迁，这种集体活动时间是个人为降低交易成本而选择的一种方式。相对于国家，利益集团又有明确的外部利润引导，所以有足够的激励进行制度创新的活动。

制度变迁并不是一个利益集团孤立行动的产物，而是不同利益集团之间讨价还价、相互博弈的结果。在制度变迁过程中，不同的利益集团基于自身利益最大化的原则，均要求最有利于自己的制度规则，但这种选择会受到其他利益集团的约束。利益集团之间的相互博弈，实际上形成了机制上的制约条件。利益集团理想的此短彼长，就形成了不同的制度规则，而这些不同的制度规则，就形成了制度变迁不同的阶段性特征。

利益集团的博弈不仅造成了不同阶段的制度特征，更重要的是由于相互之间的自由博弈，经济制度从总体上才能向好的方向演变。因为，固然强势利益集团要求其自身利益的最大化，但毕竟利益集团的利益获得的同时也会受到其他利益集团的制约，所以强势利益集团才会努力去追求一种好的制度，以获得其他集团的同意，并在其他利益集团同意的基础上，满足自身利益的最大化。当然，这有个前提，就是这个经济体系本身是尊重不同利益集团的利益需求，不同利益集团之间才能进行博弈，促进制度变迁。如果强势利益集团本身就在市场上占绝对主导地位，可以为所欲为，那其根本就无须考虑其他集团的利益。

第二节　中国证券市场利益集团的形成、特点及利益冲突

一、中国社会利益集团分析

改革开放以前，执政党及政府是不承认中国存在不同利益集团的，主要原因有两个：其一，传统的社会主义意识形态认为，社会主义国家人民的利益高度一

致，价值观也是集体主义取向，强调个人利益服从组织利益、局部利益服从全局利益，所以代表局部的狭隘利益的利益集团不应该也不容许存在；其二，尽管事实上这种马克思所谓的"笼罩着迷信和家庭色彩"的"地域性共产主义"国家不可能真正使全体公民的利益同时得到满足，个人以及团体的利益仍有待自己去争取，但由于这种体制虽名为社会主义，实际上却仍沿袭以服从等级制为特征的传统型统治，而人民也习惯于等级制的传统型政治，因此社会中仅存在着"自在的"利益集团，而不存在"自为的"利益集团。换言之，事实上存在着的各利益集团间的利益分配只能由政府按各利益集团的政治等级决定，各利益集团之间则很少直接冲突，所以政府更有理由认为不存在公开活动的利益集团。

我国的改革开放始放权让利，比如鼓励乡镇企业发展，其实这已经隐含着承认社会中存在着不同的利益主体：即中央与地方、政府与企业。这一改革的取向从一开始就是市场性质的，后来进一步明确了改革目标——建立社会主义市场经济。这样，市场取向的改革就自然而然地培育出了多元的利益主体，并且使不同利益主体之间的利益实现更加依赖于自身。在这种背景下，原来在计划经济体制中仅表现为"自在的"利益集团日益变成"自为的"利益阶层；各利益阶层的成员越来越意识到本利益集团的利益共通性，并且越来越以联合的方式表达自己的利益诉求，如雨后春笋般崛起的民间团体与协会就是一个有力的证据。

1988 年，中共在十三届二中全会工作报告里第一次承认中国社会存在不同的利益集团："在社会主义制度下，人民内部仍然存在不同利益集团的矛盾。"①

自 20 世纪 80 年代后期以来，中国学术界对利益集团的研究不断深入，其中孙立平、何清涟、李强、杨继绳等学者的研究卓有成效，并受到知识分子的广泛重视。综合各家成果，笔者在此按获取生活资料的手段对经济领域的利益集团作如下简单的划分，认为中国目前主要存在四类利益集团：权力集团，即政府及公有制经济中的管理者；资本集团，主要指私人及外商投资者；劳动力集团，主要包括企业职工与农民；知识集团，主要指人文知识分子与专业技术人士。② 但在中国特定的改革路径中，目前的利益集团总体上有一个突出的特点，即利益集团之间权力和资源分配的不平均导致各集团之间的实力极度失衡。③

在当今的中国，权力集团不仅拥有政治上的权力，还因为市场取向改革的不

① 《人民日报》1988 年 3 月 16 日。
② 李强：《当前中国社会的四个利益群体》，《社会学》2000 年第 9 期。
③ 卢周来：《改革中的利益格局》，《战略与管理》2001 年第 2 期。

彻底而拥有相当大的经济权力。更突出的是，这一集团拥有在各利益集团之间分配政治与经济资源的权力。新崛起的资本集团与知识集团中的专业技术人士因拥有在现代化过程中最重要的两种生产要素——资本和技术，加上改革开放以来执政党和政府将其政治合法性转而建立在经济发展上，所以这两个集团在社会中也占据着强势地位。随后的修宪以及最近宣布的允许私营企业主入党则更进一步地表明，"资本集团"社会政治地位的上升已使它们具备了表达其利益诉求与政治上"议价"的渠道和能力。知识集团中人文知识分子的自由空间虽然仍显狭小，但由于媒体日益商业化和独立化，他们开始有机会获得一定的话语权力。因此可以说，权力集团、资本集团与知识集团在中国得到了较为充分的发展。但与此同时，由企业职工与农民构成的劳动力集团的利益却在改革过程中相对地受损，加上工会不能有效地发挥保护职工利益的作用，而农民则根本无法组织维权性集体组织，所以劳动力集团地位的下降使得这个集团已经沦为社会的弱势集团。

二、中国股票市场利益集团分析

1. 中国股票市场利益集团简单分类

中国股票市场利益集团一方面是伴随中国经济社会利益集团的产生而产生；另一方面也与证券市场固有的特征相伴随，并且随着证券市场的发展而发展。

中国股票市场的利益集团与市场的参与主体密切相关。正是由于参与主体自身利益与证券市场的发展紧密联系，使得具有利益方向相同的主体组成不同的利益集团，从而影响市场的发展。

按照证券市场的参与主体，可以分为下述四个：

（1）监管主体。即以中国证券监督管理委员会为代表的政府机构。监管主体也随着中国证券市场的发展而出现形式上的差异。在股票市场刚刚起步的 20 世纪 90 年代，股票发行市场监管主体包括国务院证券委、中国人民银行以及中央和地方的体改委、计委等政府部门。

随着股票市场规模的扩大，其在国民经济中的地位也日益提高。1998 年 8 月国务院证券委被撤销后，其职能并入中国证监会，地方证券监管部门改由证监会垂直领导，证券市场主导监管者的权力开始集中统一。

依据《证券法》，目前的监管主体主要是指中国证监会及其派出机构、中国证券业协会及上海、深圳证券交易所等，其核心权力机关为中国证监会。中国证监会属于政府机构（《证券法》第七条规定，中国证监会是国务院证券监督管理机构，按照授权履行监督管理职责）。证券业协会名义上是民间组织，实际上隶属于中国证监会。《证券法》第一百六十二条指出，证券业协会是证券业的自律性组织，是社会团体法人。但从其职责上看，有隶属于中国证监会的法律依据。在《证券法》第一百六十四条规定的证券业协会履行的职责中包括"协助证券监督管理机构教育和组织会员执行证券法律、行政法规；国务院证券监督管理机构赋予的其他职责"等。交易所的监管权利主要也来自中国证监会（《证券法》第四十三条规定，股份有限公司申请其股票上市交易，必须报经国务院证券监督管理机构核准。国务院证券监督管理机构可以授权证券交易所依照法定条件和法定程序核准股票上市申请）。

监管主体形式上的变更不能改变其监管职能的本质。我们后文分析中的监管主体即指以证监会为代表的政府。

（2）上市主体。即以上市公司为代表的融资主体。上市公司主体是证券市场的投资标的，按照有效市场理论，其是影响市场健康发展的重要力量。中国上市公司也是伴随着中国经济体制改革的发展而发展起来的。在计划经济体制下，中国企业的资金安排统一由政府协调，生产经营也是如此，因此缺乏融资、追求投资者回报等财务方面的安排意识。由此造成 20 世纪 90 年代初，一方面企业改制不积极，而对于通过上市进行融资也缺乏热情；另一方面对通过市场募集到的资金却无法合理使用。

但是随着计划经济体制向市场经济体制的转变，企业自负盈亏意识的增强，政府对企业资金来源控制力加强，通过证券市场直接融资的优势很快显现。由此使得上市主体成为重要的融资资源。一方面上市主体规模快速发展，15 年左右，上市主体从无发展到目前 1300 多家；另一方面上市公司成为有价值的壳资源，从过去 10 年时间资产重组行为中可以得到验证。

（3）中介主体。即以投资银行、会计师事务所、律师事务所、资产评估机构等为代表的中介机构。上述机构都是为上市主体在市场上进行直接融资提供服务的主体。服务主体无疑随着中国证券市场的发展而不断壮大。仅以证券公司为例。20 世纪 90 年代初，中国本土证券公司不足 10 家，较大的有三家，即南方证券、华夏证券、国泰证券，并且注册资本金普遍在 3 亿元以下，而到了 2005 年，中国本土证券公司已发展到 130 家左右，从业人员 20 万以上，综合类证券公司注册资本金最低要求在 10 亿元以上。同时，随着金融行业的对外开放，境外知名投资银行纷纷通过合资等形式进入中国。

（4）投资主体。即以广大散户投资者、基金、证券公司为代表的二级市场投资者。投资主体是中国证券市场发展变化最为迅速的一个群体。市场成立之初，中国证券市场是一个典型的散户主导市场，据统计，1997 年末上海证券交易所股票账户开户总数为 1713 万户，其中 99.7％为个人投资者，机构投资者开户数仅为 0.3％；深圳证券交易所的情况基本与此相当。1999 年以来，在政府大力鼓励机构投资者发展的政策下，机构投资者的发展速度大大加快，但比例仍然很低。到 2001 年上半年，深、沪两市机构投资者比例占全部机构投资者的 4.5％，与成熟证券市场上的机构投资者相比仍然非常低。

在管理层大力发展机构投资者的战略背景下，中国证券市场的投资者结构发生了质的变化，以基金为代表的机构投资者逐渐在市场中占据了主导地位。截止到 2005 年年底，据统计，证券投资基金所持股市值已占市场总市值的 20％左右，而证券公司、境外投资者、私募基金等其他机构投资者约占市场总市值比重则达到了 30％以上。由此可见，当前中国证券市场已由过去的散户时代发展到了目前的机构投资者时代。

2. 中国股票市场各利益集团间关系

（1）各利益集团处在不平等地位。中国证券市场的产生决定了各利益集团属于一种不平等博弈。一方面中国证券市场是在中国计划经济体制向市场经济体制转轨背景下产生的，同时带有试点性质，所以不可避免地需要政府实行强制性制度引进；另一方面基于当时历史环境，计划经济体制意识必然导致该市场只能是一种带有浓重计划色彩的市场，而不像国外发达市场，经过市场化洗礼而得到健康发展。

由政府为主导并进行的证券市场制度设计，必然反映监管主体的利益倾向。如果说起初属于试点性质，而到了 20 世纪 90 年代中后期，监管主体已将该市场定位于国企解困的主导思想，导致大量不符合上市标准的上市主体到市场中进行融资。

上市主体具有天然的融资倾向，尤其是股权融资这种无限使用而成本又低的方式。与监管主体的指导思想定位相结合，证券市场充斥大量带有虚假业绩的上市主体，它们欺骗中小投资者，高估企业价值，从而募集更多的资金。事实上，中国证券市场这种情况正在演绎。

作为中介机构，从理论上看，上市主体股东是其服务对象，但在当前公司治理结构即一股独大背景下，上述中介机构的聘请与否是由上市主体决定的，由此中介机构的利益则决定于上市主体。在这种利益格局下，中介主体的利益无疑与上市主体紧密联系，并且形成合谋，共同对抗监管主体及投资主体。

相反，投资主体一方面要在监管主体制定的制度下进行投资活动，另一方面又要受到上市主体及中介主体信息披露不对称的制约。同时，投资主体具有天然的缺乏组织的特征，正如上文分析中国经济社会利益集团中的农民组织一样，所以该主体的利益最容易受到侵害。

（2）博弈力量的变化。虽然投资主体在中国证券市场的利益集团属于弱势集团，但最终中国证券市场的发展显然不能不保护投资主体的利益。投资主体的投资利益在不能得到保证情况下，他们无疑会采取"用脚投票"的方式，投资热情的下降势必反过来影响上市主体的融资成本，进而影响到监管主体发展证券市场的战略规划。

另外，投资主体这一利益集团的弱势地位也在不断发生变化，这主要体现在投资主体的机构化。在以散户为主导的市场环境里，投资主体中的个人投资者对制度变迁缺乏动力，因为大量的"搭便车"行为的存在；而在机构投资者时代下，拥有众多信托资金的投资基金将越来越多地运用法律、法规，对上市主体、监管主体进行利益上的争夺。

通过上述两种背景，我们可以看到，首先中国证券市场自 2001 年以来，市场持续疲软，股市投机泡沫被逐步挤出。其次在机构投资者发展壮大情况下，一是监管主体关于证券市场的发展思路逐步改变，比如由过去为国企解困，到目前必须开设中小企业板市场，让更多的民营企业上市融资，同时再融资条件越来越高；二是上市主体及中介主体必须重视投资者的利益。从纵向比较看，上市主体的信息披露正在向规范化方向发展，并且中介机构的公正性、独立性意识也在增强。

第三节 中国股票市场发行监管制度变迁的 利益集团理论分析

中国证券市场从无到有，从最初的试点，到现在的全面发展，走过了不平凡的路程。建立社会主义市场体系，无疑包括建立证券市场。从世界各国证券市场形成和发展看，没有任何两个国家的证券市场是完全一样的。一国证券市场的形成和发展深深地受到本国社会历史、习惯、文化、心理、政治经济制度的影响。

我国证券市场形成不是纯粹自然发育起来的，是政府主导、在短期内发展起来的。但它的形成和发展却是一个长期的、复杂的系统工程，涉及大量的证券市场组织体系建设、国内社会习惯、文化、心理等因素的变化；更涉及政府体制、意识形态等的更新。在社会主义市场经济条件下，政府作为其中的利益集团之一，如何监管证券市场是一个比较新的、迫切的、复杂的问题。证券市场的发行制度离不开监管，监管更离不开制度建设。可以说，证券市场发行制度每发展一步都伴随着制度创新，证券市场发行的过程其实就是证券市场发行制度变迁与发展的过程。[①] 一方面，由于当前处在由计划经济向市场经济过渡的转轨时期，只有通过制度变迁才能把资源配置由以计划机制为主转变为以市场机制为主。只有通过对证券市场进行制度变迁，才能实现对资本进行有效配置。这些制度变迁既包括正式制度变迁，又包括非正式制度变迁；既有强制性制度变迁，又有诱致性制度变迁。而短时间发展起来的我国证券市场，强制性制度变迁是前段制度变迁的主要形式。另一方面，因为新制度经济学能深刻地阐明制度和人类行为的关系，而证券市场发行制度的变迁与完善，是市场各利益集团参与行为的共同结果；且市场参与利益集团的行为，主要受制于市场制度安排下形成的利益格局。而这些制度的安排，又是通过市场利益集团（监管主体、上市主体、中介主体、投资主体）影响制度使之变迁演化而来的。所以，对证券市场发行监管制度的变迁过程运用制度变迁的理论加以分析，为我们认识证券市场建设的大局和方向提供了另外的一种分析角度。

一、国内关于中国股票市场发行监管制度变迁的理论回顾

我国学者杨晓维、陈郁、胡继之、张育军等都曾用制度分析方法从不同角度对股票市场进行过分析研究。[②] 杨晓维、陈郁对股票市场的个别案例进行了制度分析，将从中提炼出来的理论放到更大范围中去检验，然后上升成为一般理论。

杨晓维认为：诱致性制度变迁，是以一致同意为前提的，因此，只有在所有参加者预期新的制度安排能够给他们带来获利机会的前提下，新的制度安排才会出现；政府强制推行法律、政策、法令以实现制度变迁，用规模经济优势，降低制度创新费用，但也会面临其他公益物品供给所面临的共同问题，如统治者偏好对制度效率的偏离、最优制度设计的知识、信息障碍、官僚主义等，它们都可能成为政府直接供给最优制度的障碍。

陈郁认为，在制度变迁的渐进历程中，由于存在大量的"边干边学"之类的

---

① 韩志国：《中国资本市场的制度缺陷》，《经济导刊》2001年第2期。
② 张曙光主编：《中国制度变迁的案例研究》第1辑，上海人民出版社，1996年。

事情，知识存量的增长对制度变迁的促进作用，主要表现在对成本和收益两方面有了新的认识，从而分别使得制度的供给曲线下移和制度的需求曲线上移，以至于制度变迁的时间选择可能提前。他认为成本和收益的概念不是永恒不变的，相反它们都具有时间维度。

胡继之认为：中国股市的形成和发展过程是一个融资制度的变迁过程；中国股市的初级行动团体是地方政府和各种民间团体和个人，中央政府只是在股市基本运作之后才全面介入股市；初级行动团体的"先天性缺陷"和股市产生的社会效应以及股市所蕴藏的巨大潜能，必然引致中央政府的干预；中央政府在股市发展中所推行的强制性制度变迁，对中国股市的发展具有双重效用，一方面推进了股市规模的扩大，促进了股市规范程度的提高；另一方面又导致了股市运作的行政化倾向和股市内部矛盾的加深等。[1]

张育军对股票市场发展进程、股票市场发展道路与格局、股票市场的管理与风险控制、股票市场的相对价格进行了制度分析。他认为股票市场的形成必然要求建立股票市场的组织体系，主要包括证券管理体系、证券市场运行体系、市场中介机构体系等；市场组织制度的建设是市场形成和发展的重要方面。[2]

几位学者用制度分析的方法从不同角度对股票市场进行的分析，为我们进行股票市场发行监管制度变迁这一问题的研究奠定了非常有益的基础。不过，他们都没有专门针对政府对股票市场发行监管制度进行研究，而股票市场发行监管制度建设对于新兴的股票市场是一个非常值得研究的课题。笔者试图用新制度经济学中制度变迁理论的分析方法，在上述学者研究的基础上，着重对股票市场发行监管制度进行分析，并希望在下述方面有所突破：运用制度变迁理论对股票市场发行监管制度变迁的内在逻辑进行说明。

二、中国股票市场发行监管制度的起点——强制性制度变迁的必然性

制度变迁理论认为，制度均衡被打破以后，新制度安排可以是当事人自愿安排或政府安排的。我国证券市场的启动没有走西方发达国家证券市场自然发育的道路，而是走政府安排的道路。由于我国是在短时期内形成的证券市场，势必以强制性制度变迁为主，特别在计划经济向市场经济转轨过程中，政府不可能听任制度的自然演化，而是主动地进行制度供给，尽快地以强制的方式形成市场经济

---

① 　胡继之：《中国股市的演进与制度变迁》，经济科学出版社，1999 年。
② 　张育军：《中国证券市场发展的制度分析》，经济科学出版社，1998 年。

的基本运行机制。

中国为什么要在股票市场发行监管制度设立初期实行强制性制度变迁？这与我国当时的政治经济制度、文化背景、意识形态等有很大关系。

首先，意识形态领域。在 20 世纪 90 年代初期，关于股票市场的意识形态的性质问题仍处于探讨阶段，严格来说股票市场处于试点性质，按照邓小平的观点是"摸着石头过河"。从利益集团的成本效益角度看，我们所分析的利益集团只有政府这一监管主体能推动股票市场发行监管的制度建设，其他利益集团在风险收益比的角度上缺乏推动发行制度建设的利益动机。

其次，知识制约。股票市场起步阶段，股票市场发行监管制度的建设，证券市场其他的管理制度建设对于利益集团而言普遍受到知识方面的制约。一方面中介机构力量薄弱，上市主体需要培养；另一方面投资主体更是缺乏认识。在这种背景下，只有依赖于政府这一利益集团去推动。

最后，政治经济制度的复杂性。20 世纪 80 年代末 90 年代初，我国正处在转轨经济中，而政府的功能和角色，要比西方成熟股票市场复杂得多。一方面，转轨时期的中国政府要履行维护社会秩序、实行宏观调控的一般职责；另一方面，又要有意识地主导和推动市场化的制度变迁。同时，作为国有资产的实际管理人，又有防止国有资产流失的义务。

上述背景，决定了中国股票市场发行监管制度的起点必然是属于一种强制性制度的变迁形式。这种制度变革中利益集团的利益倾向主要由监管主体即政府所体现。

而政府主体对制度变迁的考虑、设计和推行，主要受到两方面的影响：一是国外制度的引进，中国经济转轨过程的基本方向是市场化，建立市场经济的整体框架，因此发达国家成熟的市场经济体制提供了中国政府进行制度创新的知识存量，有利于以引进方式推行强制性制度变迁。[①] 二是民间自发行为的推动，在转轨时期，大量具有独立利益动机的市场主体逐步形成，民间存在为获取潜在利润而进行自发制度创新的强烈利益驱动，完全可能在政府推行强制性制度变迁之前就产生性质类似的制度安排。这也是政府推行强制性制度变迁的重要动因。例如在我国证券市场试点初期，各地都因潜在的巨大利益而存在一哄而上的倾向，盲目新设证券中介机构和交易场所，制度变迁几次处于较混乱的状况。中央政府严格进行证券中介机构的审批，几度撤并一些非法机构。通过实施强制性制度变迁基

---

① 史晋川等：《论制度变迁理论与制度变迁方式划分标准》，《经济学》2003 年第 9 期。

本避免了人、财、物的巨大浪费，使沪、深证券市场迅速成为全国性证券市场。

我国是在较短时期内建立起证券市场的，强制性制度变迁是这一时期的主要形式。政府通过制定一套规则来减少管理证券市场的交易费用，提供相应的制度安排，尽量满足投资者因制度不均衡及其外在利润所带来的制度要求；并通过强制性制度变迁，弥补诱致性制度变迁的不足，减少或遏制"搭便车"现象，从而降低制度变迁的成本。

三、发行监管制度变迁的利益集团分析——一个模型结构

如上所述，中国股票市场发行监管制度的起步只能是监管主体即政府以强制性制度形式推行。但这种起点是由特定的历史背景所决定，它不可避免地带有浓重的计划经济体制的烙印。所以起步阶段的发行监管制度注定要随着监管主体利益倾向变化而变化，同时其他利益集团，如上市主体及中介主体、投资主体也要在既定的制度背景下，积极游说，进而产生诱致性制度变革。

下面我们运用博弈论知识，建立利益集团在发行监管制度框架下的博弈模型，分析中国股票市场发行监管制度变迁的内在逻辑。

1. 博弈方分析

（1）筹资者（上市公司）。上市公司作为股票市场中的主体，从传统意义上讲，应该是以产品市场作为主要盈利市场，通过产品开发、科学管理、市场营销，向消费者提供产品或劳务，以此来获取利润，创造社会财富。在这个过程中上市公司通过提高本公司的经营业绩，使本公司发行的股票成为绩优股。一旦某公司的股票被市场认为是绩优股，这个公司在产品市场上也将拥有良好的企业形象，从而取得更好的经营业绩。我们把上市公司的这种策略称为投资策略。当然，在当前我国的股票市场上也有许多上市公司在"资本经营"的幌子下，大搞假资产管理费用，或与机构配合炒概念、玩股票，或高价配股，在股市中"圈钱"。这些上市公司以股民为盈利对象，采用种种手段从股民手中搞钱，只能制造"泡沫"而不创造任何社会财富。上市公司的这种策略，我们称为投机策略。如表5—1所示。

表5—1　上市公司博弈策略

博弈策略	盈利市场	盈利对象	盈利方法	是否创造社会财富
投资策略	产品市场	消费者	经营管理	是
投机策略	资本市场	股民	假重组等	否

（2）投资者（包括机构投资者和中小股民）。

机构投资者。中国股市中的机构投资者是指在上市公司总股本中拥有较大份额的金融机构。机构投资者也有两种可以选择的博弈策略（如表5-2所示）：

第一种策略是以股东的身份，监督上市公司的经营行为，甚至以争夺控制权为手段迫使上市公司管理层改进经营管理，创造更多的社会财富，而自身则根据所持股票的份额分离上市公司所创造的财富的一部分。此时机构投资者获得的财富实质上也是来源于产品市场，来源于上市公司提供给消费者的产品或劳务。我们把主力机构的这种策略称为投资策略。

第二种策略是公私合营，以自身拥有的资金实力、信息优势（有时甚至是与上市公司"勾结"所制造信息所得的信息优势）来探听虚实股价，诱导散户（中小股民）的买卖行为，以实现自身低买高卖，获取巨额利润。这实际上是一种损人利己的盈利方式。我们把这种策略称为投机策略，其本身创造财富，机构盈利必定是散户在输钱，因此是机构与散户的零和博弈（如果考虑税收、手续费则为负和）。然而"水可载舟，亦可覆舟"，长此以往，终有一天股民会对股票市场失去信心，从而造成股票市场崩盘，以致引发更大范围的金融危机。

表5-2　机构投资者博弈策略

博弈策略	盈利市场	盈利对象	盈利方法	是否创造社会财富
投资策略	通过资本市场在产品市场盈利	通过上市公司从消费者手中获得	监督经营管理，争夺控制权，提高经营水平	是
投机策略	资本市场	中小股民	利用信息、资金优势操控股价、掠夺中小散户	否

中小股民。散户进入股票市场，其目的是想获得比银行利率更高的资金收益，其可选择的第一种策略也是投资。作为散户，他们很难获得上市公司中足够的表决权去监督上市公司的经营管理，最多只能通过卖出他们感到失望的上市公司的股票，实现"以脚投票"。他们所能获取的投资收益主要是上市公司的分红、送股。但在目前的中国股市，上市公司极为吝啬，许多绩优股，没有分红等回报，还要向散户高价配股。在上市公司不分红就不能再融资的新政策下，以再融资为目的，象征性进行分红。在这种只有索取，没有回报或很少回报的机制下，散户很难进行真正的投资。散户采用投资的方法很难奏效。

散户的第二种策略是投机，即努力进行"跟庄"，博取差价。这类散户把股市当成赌场，然而，他们在这个"赌场"上比在一般意义上的赌场上取胜的概率更低，因为他们在信息和资金实力方面完全处于劣势和被控制的地位。

结合机构投资者和中小股民的博弈策略，我们可以将其两者的策略统一为投资策略和投机策略，其博弈模型如表5－3所示。

表5－3　投资者博弈策略

博弈策略	盈利市场	盈利对象	盈利方法	是否创造社会财富
投资策略	通过资本市场在产品市场盈利	通过上市公司从消费者手中获得	基本面分析、行业分析	是
投机策略	资本市场	其他散户、主力机构	技术分析、主力分析	否

（3）中介机构。我们在这里主要指证券公司、会计师事务所、律师事务所、资产评估机构等。它们有两种策略：一种是在工作中真实披露筹资者（上市公司）资产价值、财务状况、公司内部管理、法律环境等方面的情况，我们称为真实策略。

第二种就是为了获得业务需要，帮助上市公司弄虚作假，伪造漂亮的财务报表和资产状况，我们称为虚假策略。从理论上看，中介机构的委托人是上市公司的投资者，即股东，由此其服务职能定位理应力求真实反映上市主体财务报表及资产的合法、合规性。但是在中国目前上市主体一股独大，同时股权分置还未解决的背景下，上市主体表现为典型的内部人控制的特点，中介机构与上市主体内部人利益趋同性较强，由此在股票监管发行制度的博弈中，中介机构与上市主体表现为基本趋同的策略。由此我们在后文分析不同利益集团的博弈策略中，将中介机构与上市公司归为一类主体。

（4）监管部门。这里主要指政府。在股票发行过程中，政府有两种策略：监管和不监管。监管是股票监管部门将对股票发行者进行实质性审核，并有权力否决不符合实质性条件的股票发行申请；不监管是指股票监管部门对股票发行者不进行实质性审核，并对不符合实质性条件的发行申请准予放行。

2. 中国股票市场发行监管制度中各利益集团的博弈分析

我们先分析监管机构和上市公司（筹资者）、中介机构之间的博弈策略，然后在此基础上分析监管机构、投资者和筹资者三者之间的博弈均衡。

监管机构和上市公司博弈均衡两者的博弈矩阵如表5－4所示。

表 5—4 市场准入监管博弈的战略空间和支付矩阵

		上市公司与中介机构	
		合格	不合格
金融监管部门	监管	−C, R	−C, 0
	不监管	0, R	−A, R'

表 5—4 中左列是监管部门的战略空间（两个纯战略：监管；不监管）；表 5—4 中上行是上市公司与中介机构的战略空间（两个纯战略：合格；不合格）。每一个格中的数据信息是对应的战略组合下各自的支付（效用）。在这个支付矩阵中，我们认为：①监管部门的支付取决于自己的战略和金融机构选择的战略，上市公司与中介机构的支付也同样。②只要监管部门实施监管，那么上市公司与中介机构选择不合格就必定会被发现和禁入。以监管部门实施不监管、上市公司与中介机构不合格为例，此时监管部门的支付为不合格上市公司与中介机构未被监管而进入市场后给社会造成的预期损失−A，上市公司与中介机构的支付为不合格却进入市场后的预期收入 R'。

（1）股票发行监管博弈的求解。通过对支付矩阵的分析，我们可以知道：在这个博弈开始时，给定监管部门监管，上市公司与中介机构的最优战略是合格；给定上市公司与中介机构合格，监管部门的最优战略是不监管；给定监管部门不监管，上市公司与中介机构的最优战略是不合格；给定上市公司与中介机构不合格，监管部门的最优战略是监管；如此等等，因为没有一个纯战略组合构成纳什均衡。

现在我们来考察这个博弈是否存在混合战略纳什均衡。我们用 α 表示监管部门实施监管的概率，β 表示上市公司与中介机构选择合格的概率。V_g 和 V_f 分别表示监管部门和上市公司与中介机构的期望效用函数，则有：

$$V_g = \alpha\left[(-C)\times\beta+(-C)\times(1-\beta)\right]+(1-\alpha)\left[0\times\beta+(-A)\times(1-\beta)\right]$$
$$= -\alpha C-(1-\alpha)(1-\beta)A$$

$$V_f = \beta\left[R\times\alpha+R\times(1-\alpha)\right]+(1-\beta)\left[0\times\alpha+R'\times(1-\alpha)\right]$$
$$= \beta R+(1-\alpha)(1-\beta)R'$$

对上述效用函数分别求微分，得到最优化一阶条件：

$$V_g'{}_\alpha = -C+(1-\beta)A = 0$$

则 $\beta' = 1-C/A$

$V_f' \beta = R - (1-\alpha) R' = 0$

$\alpha' = 1-R/R'$

该博弈模型存在混合战略纳什均衡：$\alpha' = 1-R/R'$，$\beta' = 1-C/A$。也就是说监管部门以 α' 的概率实施监管，上市公司与中介机构以 β 的概率选择合格。这一均衡的另一解释是：如果上市公司与中介机构合格的概率大于 β'，监管部门的最优选择是不监管；反之则要监管。如果监管部门实施监管的概率大于 α'，上市公司与中介机构的最优选择是合格；反之，则是不合格。由此得出监管部门实施有效监管的概率应为：$\alpha > 1-R/R'$。

通过对该博弈均衡的求解，我们知道该博弈存在混合战略纳什均衡：$\alpha' = 1-R/R'$，$\beta' = 1-C/A$。在这里，监管部门监管的概率取决于两个因素：上市公司与中介机构选择合格时的预期收入 R，上市公司与中介机构不合格而被市场准入的预期收入 R'。在给定合格时的预期收入 R 的情况下，上市公司与中介机构不合格时的预期收入越多则监管部门实施监管的概率越大。这说明在理论上监管部门的监管行为是依据申请机构选择不合格时的预期收入而决定的。在市场准入监管的实际操作中，由于对上市公司与中介机构不合格时的预期收入值判定较高，并基于不合格上市公司与中介机构可能导致金融体系不稳定性的考虑，监管部门实施监管的概率实际上为 1。

上市公司与中介机构相合格的概率也取决于两个因素：监管部门实施监管的成本 C；上市公司与中介机构不合格而被准入给造成的损失 A。金融监管成本越高，监管部门实施监管的困难越大，上市公司与中介机构选择合格的概率就越低。上市公司与中介机构不合格给社会造成的损失越大（隐含 R' 越高），监管部门实施监管的概率越大，上市公司与中介机构选择合格的可能性就越高。在市场准入监管的实际操作中，由于判定监管部门实施监管的可能性趋于 1，上市公司与中介机构以 1 的概率选择合格战略。从而，实际操作的均衡战略组合为（监管，合格）。

（2）监管机构、投资者、上市主体与中介机构的博弈均衡分析。在分析了中国股票市场各主体的博弈策略以后，就可以构建中国股票市场的博弈模型。

由上述分析可知，监管机构采取的战略必定是监管策略。在此基础上，我们有理由认为中介机构和上市公司采取合作博弈，即上市公司采用投资策略，而中介机构与其合作采用真实策略；或者上市公司采用投机策略，而此时中介机构采用虚伪策略。则此时上市公司、中介机构、投资者的三方博弈模型如表 5－5 所示。

表 5－5　上市公司、中介机构、投资者的三方博弈

	投资者			
	投资策略		投机策略	
上市公司用投资策略，中介机构用真实策略	A_{11}	A_{12}	A_{13}	A_{14}
上市公司用投机策略，中介机构用虚伪策略	A_{21}	A_{22}	A_{23}	A_{24}

该模型的均衡解是（A_{11}，A_{12}）及（A_{23}，A_{24}）。

如果上市公司采取投资策略，中介机构使用真实策略的前提下，其优势和能力都集中于产品市场，对经营管理精通且效益良好，所以 $A_{11}>A_{13}$。这种上市公司在股票市场上以绩优的形象出现，对"假重组"不屑一顾。它没有与主力机构勾结的愿望和必要，主力机构不大可能从这类上市公司处获得内幕消息，更不可能与其勾结制造消息。因此，主力机构的投机收益小于投资收益，与其费尽心思去投机，不如老老实实去投资，即 $A_{14}<A_{12}$。所以（A_{11}，A_{12}）最终成为均衡解，我们将这一均衡解称为投资解。

投资解的产生机制是上市公司通过股票市场融资，并将其所募集的资金投向能创造财富的项目和产品，而机构投资者和散户作为股东，拥有与其持有股份相应的在上市公司股东大会的控制权以及分享上市公司投资所创造的社会财富的部分的权利。在这种情况下，社会资金可以源源不断地被吸引进入股市，并通过上市公司的投资流向社会需要的、能创造效益的产业，从而实现股票市场对社会资源的优化配置，促进社会福利的增进。

该模型的另外一个博弈均衡解是（A_{23}，A_{24}）。

一般而言，采取这种策略的大多数是经营能力较差，无法在产品市场上获得利润的上市公司。上市公司通过实施"假重组"来获得收益必须有主力机构参与控制股价，所以 $A_{23}>A_{21}$。在这种情况下，上市公司没有多少投资价值可言，无利润分配可送，主力机构要想获利必须采取投机策略，其投机收益大于投资收益，即 $A_{24}>A_{22}$，从而（A_{23}，A_{24}）成为该模型中的均衡解，我们称为投机解。

投机解的本质是股民和上市公司和主力机构间的零和博弈。如果上市公司圈了股民的钱而没有投资产生收益，那么，上市公司的获得就是股民的损失，不产

生任何社会财富。同时，真正需要资金的投资项目却得不到支持，社会资源配置被扭曲。

综合上面所述，投资者、筹资者、监管机构和中介机构的最后博弈均衡解有两个：①监管机构采取监管策略，上市公司用投资策略，中介机构用真实策略，投资者采用投资策略，这是投资均衡解。②监管机构采取监管策略，上市公司用投机策略，中介机构用虚伪策略，投资者采用投机策略，这是投机均衡解。

四、从模型看中国股票市场发行监管制度变迁

1. 影响博弈均衡的主要因素

笔者认为影响整个模型均衡解的条件因素主要有以下五个：

（1）产品市场的供求情况、竞争程度。如果产品市场供大于求，竞争激烈，那么模型的均衡解极有可能是投机解。因为在产品市场获利很难，上市公司可能趋向于利用自身的壳资源假重组来进行投机；反之，若产品供不应求，上市公司在产品市场获利比较容易，则模型趋向于投资解。

（2）资本市场上的供求情况、竞争程度。如果资本市场上的企业上市相当困难，上市公司作为重组的壳资源价值较高，企业就比较愿意搞重组，模型比较容易获得投机解；相反，如果企业上市相当容易，与其去重金购买壳资源，不如申请上市，那么，上市公司作为重组的壳资源价值很低，它们更加努力提高经营业绩，模型就比较容易获得投资解。

对于主力机构来说，如果要入市的资金远远大于所有上市公司提供的股票价值，那么，每一个上市公司的重组价值就很高，而主力机构由于找不到更好的上市公司，只有倾向于投机，因此，模型更可能获得投机解。

（3）股票市场的相关法制建设与执行情况。法制的严格执行在一定程度上限制了过度投机的行为，有利于实现投资解。法制越健全，执行越有力，均衡解越有可能是投资解。

（4）上市公司现代企业制度特别是法人治理结构的建立和健全情况。健全的法人治理结构意味着防止或减少"一股独大"的股权结构，这样其他股东的监督和对公司控制权的争夺才会发生，从而给公司管理层以压力，促使其提升公司业绩。所以，股权治理结构越合理，越有利于实现投资解，反之则容易成为投机解。

（5）绩优上市公司的分红与绩差上市公司的退出机制。对于一个投资者来说，如果买入绩优股与买入绩差股的投资收益差别不大，同时，绩差公司退出机制的

缺乏使得股民极易形成绩差股总归会重组的预期，从而更倾向于买入绩差股赚取投机收益，于是市场更倾向于达成投机解。

2. 股票发行监管制度变迁的具体分析

(1) 监管主体的策略决定了各利益集团的策略。上面已经论述，中国股票市场发行监管制度的起点是以监管主体这一利益集团的利益导向为出发点的，由此发行监管制度的变迁初期阶段必然反映主体的利益倾向。从监管主体看，其利益函数也在不断发生变化，一方面系经济层面因素，另一方面也带有政治因素的烙印。从股票市场起步阶段到 2005 年底，监管主体对股票市场的定位不断变化，如表 5—6 所示。

表 5—6　监督主体对股票市场的定位变化

年份	政府政策	股票市场发行状态
1984	城市经济体制改革	少量中小国有企业公开发行可流通股票
1986	试行股份制改革	中小国有企业股份制改革，公开发行股票
1992	推行股份制改革	规范的证交所
1993	国有产权改革	行政分配上市额度，上市公司数量增加
1997	抓大放小，国有经济战略调整	国有企业上市数量激增
1999	国企三年脱困	证监会"八大政策"救市，"5·19"行情喷发
2001	社保基金筹资，向股票市场减持国有股	股票市场处于牛市，后暴跌
2002	社保基金不从股市筹款，降低印花税	股票市场处于熊市，有崩溃之嫌
2005	股权分置问题破题	股票市场止跌

在监管主体关于股票市场功能定位不断变化的背景下，发行监管制度也在不断发生变化。从目前情况看，股票市场定位大致可以分为三个阶段：一是 1993 年之前，属于试点性质，主导利益集团是监管主体。二是 1993～2004 年，市场定位主要是为国有企业解困服务，政府机构无论实行额度制、核准制，都是为更多的国有企业提供成本低的融资手段。三是 2005 年股权分置工作，股票市场持续低迷，上市公司融资已受到严重负面影响，弱势利益集团损失惨重并对市场失去了信心，迫使强势利益集团对股票市场做出根本性的变革。

监管主体对于股票市场功能定位的变化，是导致各个利益集团博弈策略发生变化的最根本的因素。我们可以看到，2004 年之前整个股票市场的主要功能定位是为国民经济发展中的主要力量即国有企业的发展而服务，尤其是为大量经济效益低下的国有企业解困服务。在这种指导思想下，监管主体在股票领域实行了额度制等带有浓厚计划色彩的发行制度，并且这种额度直接向国有企业倾斜。典型的表现为早期的捆绑上市，即某家企业必须收购一家亏损企业，以此作为上市的条件。

在上述指导思想下，监管主体这一利益集团在股票发行监管制度方面，所采取的博弈策略必定是监管的弱化，或者说监管成本 C 与不监管所造成的社会损失 A 向比较而言，C 远大于 A，至少从监管主体的效用看是如此。

作为博弈的其他利益集团，上市主体及中介机构在监管主体监管弱化的策略下，判定监管的概率较小，由此从利益最大化角度，采用投机策略的概率必然很大。而作为投资主体在二级市场主导思想也必然采用投机方式，同时对于采用投机策略的上市公司运用"用脚投票"的策略，也必然表现为股票市场的下跌。具体表现为：

第一，上市主体经营业绩的持续下降。为融资而采取虚报经营业绩的上市主体，融资之后，虚假业绩逐渐暴露，必然反映到未来经营业绩的下滑。最近几年上市公司净资产收益率的走势如图 5-1 所示。[1]

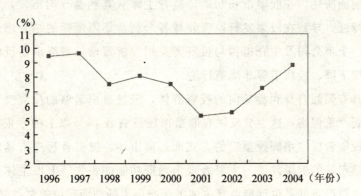

图 5-1　1996～2004 年上市公司净资产收益率的走势

第二，投资主体的投机行为严重。[2] 主要表现：一是平均换手率远远高于国外

---

① 图中 2001 年后，虽然由于市场信心逐步下降，但由于实行核准制，国有企业已不再是新股上市的主力，大批素质相对更好的民营企业进入股市，所以总体收益率反而有所上升。

② 换手率很高主要是投资者对股票市场的前景不看好，市场不成熟、不稳定，不敢投资，只能投机。

发达市场及新兴市场，1991～2005年，中国股票市场平均换手率达到了300％以上，而发达市场不到100％，反映了中国投资主体投机的博弈策略。二是市场的持续下跌，尤其是2001年以来，市场最大跌幅超过50％。三是投资主体在投资收益远远低于预期情况下，纷纷离开市场，表现为市场投资者的陆续减少，如果监管主体没有大力发展股票投资基金，可能中国股票市场已经崩溃。

在监管主体占优背景下，上市主体及中介主体、投资主体的博弈策略必然根据监管主体制定的游戏规则而进行博弈，由此造成中国股票市场相对发达市场特有的政策市特征，如1999年的"5·19"行情、2001年国有股减持等事件引起市场的剧烈波动，并进而影响到股票市场的发行。

（2）非主导利益集团对发行监管制度的诱致性引导在逐渐增强。股票市场是市场经济中市场化程度最高的部分，任何违背市场化原则从长期看注定是要失败的，这对于占有主导地位的利益集团即监管主体同样如此。所以发行监管制度的变迁在初期是强制性制度变迁占优，但经过10多年的发展，尤其是随着中国经济对外开放的深化，以投资主体为主导的利益集团对发行监管制度的诱致性变迁力量在逐渐增强。同时，监管主体、上市主体必须弱化自身利益倾向，提升投资主体的利益，否则市场将不复存在，最终各个利益集团的利益趋向为零甚至为负。

正如前面所述，在股票市场初期，监管主体从其利益导向出发，以强制性制度变迁为特征，导致在股票发行监管领域各个利益集团博弈的结果出现监管主体监管弱化、上市公司及中介机构与投资者采用投机策略，最终市场反映为上市公司经营业绩下降、投机市等非规范行为。

但是具有强烈自身利益导向的投资群体，经过投机策略的反复洗礼之后，最终利益受到严重侵害，这主要反映在股票市场投资者80％以上的亏损比例，那么必然导致投资者以"用脚投票"的方式而远离市场。投资者远离市场的结果必然影响到股票市场的健康发展，主要表现为融资功能的丧失、上市主体直接融资成本的提高，更严重的是也远离监管主体关于股票市场功能定位的利益导向。

在股票市场逐渐远离监管主体对股票市场的功能定位的背景下，从博弈模型上看，一方面表现为整个社会损失A的上升，并逐渐大于监管成本C；另一方面，监管部门实施监管的概率将逐渐大于$\alpha' = 1 - R/R'$。

通过上述模型分析，我们可以看出，随着市场的发展，股票发行监管制度必然在投资者等利益集团的利益驱动下，进行制度变迁，而这种变迁更多地体现为一种自下而上的诱致性制度变迁。

从中国股票发行监管制度的变迁中，我们也可以明显地看到：①2001年之前的额度制是造成中国股票市场各种非规范行为进而影响中国股票市场健康发展的内在原因。②2001～2004年，中国股票市场形成了长达4年多的熊市格局，上市主体的融资受到严重影响。在上述背景下，监管主体不得不改变原来的思路，将发行制度过渡到通道制。尽管该制度较过去的额度制有所改进，主要是将发行指标由过去的地区划分改变为投资银行的分割，加强了对投资银行等中介机构的监督，增强了投资银行的责任力度，但也出现了投资银行这一中介机构的道德风险，如"买卖通道"等非规范现象。③自2004年以来的保荐制。为防范通道制下的道德风险，2004年发行监管制度实施以证券公司与投资银行工作人员双保的"保荐制"。一方面为防范证券公司的道德风险；另一方面直接提升项目人员的责任力度，加大了投资银行项目人员的违约成本。

股票发行监管制度的变迁，一方面是各个利益集团博弈的结果；另一方面也促使了中国股票市场规范化程度的提高。虽然目前中国股票市场还存在这样或那样的问题，但是我们相信在各个利益集团理性博弈的作用下势必促使市场向健康的方向发展。[①]

（3）从利益集团博弈模型看中国股票发行监管制度的未来演绎。通过对该博弈均衡的求解，我们知道该博弈存在混合战略纳什均衡：$\alpha' = 1 - R/R'$，$\beta' = 1 - C/A$。在这里，监管部门监管的概率取决于两个因素：上市公司与中介机构选择合格时的预期收入 R，上市公司与中介机构不合格而被市场准入的预期收入 R'。在给定合格时的预期收入 R 的情况下，上市公司与中介机构不合格时的预期收入越多则监管部门实施监管的概率越大。这说明在理论上监管部门的监管行为是依据申请机构选择不合格时的预期收入而决定的。在市场准入监管的实际操作中，由于对上市公司与中介机构不合格时的预期收入值判定较高，并基于不合格上市公司与中介机构可能导致金融体系不稳定性的考虑，监管部门实施监管的概率实际上为1。

上市公司与中介机构相合格的概率也取决于两个因素：监管部门实施监管的成本 C；上市公司与中介机构不合格而被准入造成的损失 A。金融监管成本越高，监管部门实施监管的困难越大，上市公司与中介机构选择合格的概率就越低。上市公司与中介机构不合格给社会造成的损失越大（隐含 R' 越高），监管

---

① 在中国以社会稳定为第一选择的政府目标体系中，虽然弱势群体屡屡受强势群体的侵犯，但若超过弱势群体承受的底线，政府为了社会稳定，就会主导制度的修订，一定程度上保护弱势利益集团。

部门实施监管的概率越大，上市公司与中介机构选择合格的可能性就越高。在市场准入监管的实际操作中，由于判定监管部门实施监管的可能性趋于 1，上市公司与中介机构以 1 的概率选择合格战略。从而，实际操作的均衡战略组合为（监管，合格）。

投资主体这一利益集团在发行监管制度变迁中作用的日益提升与下述背景密切相关。一是投资主体的日益壮大，并且集中度的提高。主要反映为股票投资基金等机构投资者队伍的扩大，其组织性在提高，机构投资者作为投资主体的代表，必然对一些恶性融资方式发出自身的呼声，如上市公司再融资多次被股票投资基金否决即表现之一。二是"用脚投票"方式，对于个人投资者由于受信息不对称制约，无法对上市公司经营业绩的真实性进行甄别，但机构投资者凭借强大的研究力量，将对一些劣等上市主体通过"用脚投票"方式使其丧失融资资格，或使其 IPO 失败。

投资主体通过多种方式对发行监管制度产生越来越多的影响，从而迫使监管主体逐渐向市场化的方向靠拢，进而上市主体也必须按照发行监管制度的变迁改变自身的策略。

按照上述模型，在投资主体日益成熟背景下，一方面，监管主体必然的利益趋向将不得不逐渐调整，这反映在上述模型 A 与 C 之间关系的变化上，由于对上市公司与中介机构不合格时的预期收入值判定较高，并基于不合格上市公司与中介机构可能导致金融体系不稳定性的考虑，监管部门实施监管的概率将逐渐上升为 1；另一方面，监管主体在其自身能力受到约束背景下，也将不得不运用市场这一"无形之手"对各个利益集团的利益导向进行调整，即市场化的发展将是股票发行监管制度的最终选择。

由此得出结论，未来中国股票市场发行监管制度短期内仍将以强制性制度变迁为主导。但这种方式在弱化，而诱致性变迁动力将逐渐增强，最终将走向市场化、规范化的道路。

五、中国股票发行监管制度变迁分析：从利益集团理论到诚信理论

前文分析了过去一段时间中国证券市场投资者、筹资者、监管机构和中介机构等利益集团的最后博弈均衡解为投机均衡解，即监管机构采取监管策略，上市公司用投机策略，中介机构用虚伪策略，投资者采用投机策略。随着中国证券市场的发展，股票发行监管制度必然在投资者等利益集团的利益驱动下，进行制度

变迁，而这种变迁更多地体现为一种自下而上的诱致性制度变迁。

不难看出，中国股票发行监管制度的变迁不仅是各个市场参与主体组成的利益集团博弈的结果，同时也是伴随各个市场参与主体的诚信责任与诚信义务的逐渐形成的过程。审批制在客观上为各个市场参与主体不讲诚信构成了某种激励，因为只要不择手段获得"额度"或"指标"并成功发行股票上市，则可获取巨大的经济利益。

在核准制与保荐制组成的发行监管制度下，通过大大提高保荐机构和保荐人的违约成本能比较有效地激励其确立诚信责任与诚信义务，继而对具有真实融资需求的证券发行人构成较强的诚信激励。

事实上，中国股票发行监管制度是伴随各个市场参与主体的诚信责任与诚信义务的逐渐形成而发生的渐进变迁，是在中国社会经济文化体系全面经历过去多年渐进转轨的历史背景中进行的，尽管这一转轨的历史进程仍在延续。显然，从各个市场参与主体的诚信责任与诚信义务的逐渐形成来分析中国股票发行监管制度的变迁，必须置于这一阶段中国社会经济文化的历史背景中来展开。因此，从诚信理论尤其是诚信（信任）文化社会生成的角度探讨中国股票发行监管制度的变迁，将是一个具有理论价值和实践意义的思路。

第六章 诚信理论基础上的股票
发行监管制度分析

第一节 关于诚信的基础理论

一、诚信概念

国内外关于诚信问题的学术研究中经常会涉及诚信（Honesty，Trust）、信任（Trust）、信用（Credit）、信誉（Credit，Prestige）几个概念。这几个概念的含义既有相同之处，也有区别。曾康霖[①]曾对前三者进行了比较和分析，他认为：诚信，顾名思义即诚实守信，是自己对他人的承诺，是一种行为规范；信誉，指声望和名誉，是他人对自己的评价；信用反映的是权利和义务的关系，是一个动态的信用过程。厉以宁[②]则指出了信任和信用之间的关系：信任的意思是相信而敢于托付，信用则是指能够履行跟人约定的事情而取得的信任。

严格来讲，以上四个概念不能相提并论，因为它们有不同的含义，但关系也很密切：诚信是内在的品德；讲诚信，信用好，就有信誉；讲诚信，有信用，信誉好，就能得到别人的信任。

在本书中，为讨论方便，我们并不对上述几个概念做过多的严密区分。

二、中国传统文化中的诚信观点

中国传统文化的发展和创新从来就没有离开过以孔子、老子为代表的儒家和道家思想的本源。《论语》集中反映了孔子的"诚信"思想。《论语》的《学而》篇有：曾子曰："吾日三省吾身：为人谋而不忠乎？与朋友交而不信乎？传而不习

---

① 曾康霖、王长庚：《信用论》，中国金融出版社，1993年。
② 厉以宁：《信任与信用》，《信息导刊》2003年第27期。

乎?"子曰:"道千乘之国,敬事而信,节用而爱人,使民以时。"子曰:"弟子入则孝,出则悌,谨而信,泛爱众而亲仁。行有余力,则以学文。"《为政》篇有:"人而无信,不知其可也。"可见"信"与"忠"、"孝"、"仁"、"义"一样,是孔子竭力提倡和百般推崇的美德。他要求统治者"敬事而信",要求君子"主忠信",要求后生们"谨而信",要求自己做到"朋友信之"。总之,孔子主张人人讲信用,人人为人诚实,认为"诚信"是人们立身处世的根本,是处理人际关系的重要道德原则。

老子的思想集中反映在《道德经》上。老子认为儒家的"礼"、"信"是封建贵族的制度,统治者、百姓不必讲究。他主张统治者应"无为而治",实行愚民政策"使民无知无欲";他向往小国寡民,推崇"鸡犬之声相闻,民至老死不相往来"的桃花源式的生活。可见,道家排斥建立在"诚信"基础上的任何形式的人际关系和商品交易。

中国是一个缺乏民法或私法传统的国家。信用一直属于道德规范的范畴,在儒家思想范畴里,信用首先是对君主的承诺(如忠信),其次是朋友之间的承诺,(如千金一诺)。当然,信用也包括商业方面的契约遵守,儒家和道家思想都是建立在男耕女织、自给自足理想王国的小农经济基础上,具体表现在自古以来对农业这一神圣职业的古典敬重以及对商业的歧视。在中国早期的历史里,氏族对其成员的担保可能是个人信用发展的端倪。这种氏族对其成员的担保,在《租税法》与有关政治犯罪里保留下来,但未进一步发展。可见,我国文化传统的"诚信"非民法层面上的"诚实信用",而主要指为人处世的"诚实",强调的是非经济因素的个人品质,往往与"忠"、"孝"、"仁"、"义"联系在一起。与此相对应的是,西方的"诚信"是建立在商品交易基础上的,强调的是经济因素的个人品质,往往与"经济成本"、"收益"联系在一起。

儒家的"诚信"思想虽然是建立在自然经济基础之上的,但起码涵盖了为人"诚实"、"信用"的内核。随着社会的进步和商品经济的发展,极有可能演变成为具有商品交换特性的"诚信"思想。可悲的是,中国近代的一些运动,尤其是20世纪六七十年代发生的一些政治运动冲击了中国的文化传统。儒家思想的一些精髓,包括"诚信"思想受到极大的破坏。当然,"诚信"的载体——人的心态也受到极大伤害。此外,新中国成立以来实行的计划经济对"诚信"的发展也起着阻碍作用。因为计划经济根本不需要"诚信"的商品交换。大家都是国家的人,物资由国家统购统销,所有资源都在唯一的政治经济主体国家;国家所有的范围内通过无偿划拨完成流转。每个（包括自然人、法人）主体都不需要计算生产的成本和收益，不同劳动付出却获得几乎同样的报酬。

三、关于诚信的诸多理论观点

文化和人类学家认为，信任是一种历史遗产，它来自长期的文化沉淀（Dore，1987）。例如宗教对信任度会有影响，人们出于对来世惩罚的恐惧现在会守信。如果这个观点成立，那么这种文化导致的信任度差异将因为文化的差异而长期存在并难以改变。然而，这种观点难以解释为什么同一种文化但不同时期的人们的信任度差异很大。

一些经济学家则认为，信任也许与文化有关，但更重要的是，信任往往也是人们理性选择的结果。在博弈论（Game Theory）关于重复博弈模型中，经济学家得出人们追求长期利益会导致信任的结论（Kreps，1986；Fudenberg 和 Tirole，1992；张维迎，2002）。进一步地，既然重复博弈可以产生信任，那么影响重复博弈的可能性的因素和影响重复博弈中人们的策略选择的因素也就是影响信任形成的因素。影响重复博弈中人们选择的因素归纳为三个：一是支付函数的确定，这一般与游戏规则（如法律和制度）有关。二是当事人的偏好，例如人们对未来的重视程度、耐心等。三是信息结构，也即双方所知道的有关对方的行动的信息。在有关信任的实证研究中，人们已经注意到减少信息不对称对于信任建立的重要作用。尽管有证据表明信息流和信任有时可能为负相关，但不少实证研究结果显示，一个社会中双向交流的信息量对于信任程度具有显著正向作用。①

而社会学家则普遍认为，人们之间普遍存在的信任来自自愿性社团内部个体之间的互动，是这些社团推动人们之间的合作并促使信任的形成（Putnam，1993、1995；Fukuyama，1995；Colman，1988、1990）。一些基于对不同社会和文化背景下信任的普及程度的实证研究，也支持这一观点。此外，社会学家也认为人格因素和人际关系等对信任的形成也有影响（怀特利，1999）。

事实上，大约在最近 20 年的时间里，信任问题逐渐成为社会学关注的前沿。相对于文化和人类学、社会心理学、经济学或政治学的关注，信任的社会学研究已经获得相当多的独立性。这个领域理论的和经验的研究方向已经趋向多元化，并且已从各种理论和方法论的视角开展研究：理性选择理论（Rational-choice）、

---

① 张维迎：《信息、信任与法律》，三联书店，2003 年。

文化学派（Culturalist）、功能主义（Functionalist）、符号互动论（Symbolic-interactionist）、现象学（Phenomenology）等。超越所有这些差异有一种共识，即"信任在人类关系中的普遍存在及其必要性；没有一些信任和共同的意义将不可能构建持续的社会关系"（Eisenstadt 和 Roniger，1984）。而基于这些差异和共识的一些最新学术探索成果，也许要数波兰社会学家彼得·什托姆普卡（Piotr Sztompka）对信任问题的集成式研究和创造性突破最为突出。什托姆普卡在1999年出版的专著《信任——一种社会学理论》中，试图评估对信任的不断展开的研究，尤其是那些具有理论的含义并且去说明、澄清、系统化信任问题的研究，但同时也详尽说明并综合它们的发现。该著作的理论贡献在于：提供信任的概念和分类的澄清和说明；提出一个信任文化出现和衰落的解释模型。此外，该著作也涉及信任的基础和理由、信任的功能和功能失调、信任的功能替代品等问题。

第二节　什托姆普卡的信任文化社会生成模型及其实践性建议

一、信任文化社会生成模型假定

信任文化的出现过程只是文化、社会结构、规范系统、制度、组织和所有其他宏观社会实体被塑造并定型的更一般的一个特例。在出版《信任——一种社会学理论》一书之前，什托姆普卡（1991、1993）早就提出了研究这个过程的一个理论模型，即"社会生成模型"（Social Becoming Model），用来解释信任文化的社会决定因素。信任文化的生成仅仅被视为广泛的社会生成过程的一个范例。

什托姆普卡给出社会生成模型的四个假设：

第一，社会过程的驱动力量是人的行动（Human Agency），即特定的有天赋的行动者在现存结构所提供的机会框架内所做的个体和集体的行动、决定和选择。

第二，构成社会实践的正在进行的事件总是行动者的某些特质和结构的某些特质相结合产生的复杂产物。换言之，它们是积极的有能力的行动者对现存的结构机会探索的结果。

第三，结构性条件自身和它提供的机会被正在进行的实践塑造和再塑造；它们是早期的多样性行动的没有意图的积累的稳定结果。

第四，过去实践的结构化影响，形成结构化的传统，变成了未来实践的初始条件，并被作为结构性资源来开发利用，而这种无限循环的过程使所有的过程都是可能的和开放的。[1]

把上述假设应用于信任文化的建立上，首先必须强调这个过程的连续性，它从过去经由现在直到未来，不间断地展开。在此连续过程中，应当注意到由个人和集体的行动——在这些行动中人们使用信任并以三种形式进行信任博弈：预期信任（Anticipatory Trust）、反应信任（Response Trust）和唤起信任（Evocative Trust）[2]——组成的相应的实践。向后看，回到过去，我们将会看到人们在某些接受下来的与信任相关的传统——即普及的信任或相反的不信任的文化氛围中行动，这种规范性氛围依据情形使其信任博弈变得更容易或者更困难。向前进，到达未来，我们将会看到信任博弈带来的某些结果：预期的信任被证实了，委托的有价值的东西还回来了，唤起的信任得到了回报；或者与此正好相反的结果。这些经验累积起来，如果被广泛传播和分享，将变成正常的惯例，并且最终变成规范性准则。信任被证实的积极经验将产生信任文化，信任被背叛的消极经验将产生不信任文化。通过这种方式，未来的信任博弈的规范性氛围将会形成，信任或不信任的传统传递下去，而这个过程将无限延续。

二、信任文化的社会生成模型

1. 信任文化社会生成模型的建立

信任或不信任拥有自我增强能力（Self-enhancing Capacity），即以前的信任或不信任对于目前的信任博弈以及未来的信任或不信任文化的自我增强效应。信任文化存在一种良性循环（Virtuous Loop），从已经存在的信任文化开始，通过所给予的被证实的信任，其结果是增强的信任文化。不信任文化存在一种恶性循环（Vicious Loop），从已经存在的不信任文化开始，通过收回信任，其结果是增强的怀疑文化（Culture of Suspicion）。一方面，如果信任常常被满足——预期的信任

---

[1]　彼得·什托姆普卡：《信任——一种社会学理论》，中华书局，2005年。

[2]　彼得·什托姆普卡：《信任——一种社会学理论》，中华书局，2005年。所谓预期信任，即当我们因相信他人不论作出何种行动都将有益于我们的利益、需求和期望而采取相应的行动时，这种信任形式就是预期信任；所谓反应信任，即明确地受到我们所预期的他人对给予信任行为的反应所触动和激发，涉及把一些有价值的物体在征得他人同意之后委托给他，放弃对其的控制，把它交到他人手中，预期能够得到可靠的照顾；所谓唤起信任，即当我们因相信他人将回报我们以信任而行动时，我们有目的地以信任去激发信任。

被证实了、委托的东西被偿还了，而唤起的信任得到了回报——这个过程倾向于信任文化的建立，而甚至自我增强的不信任的恶性循环也可能向信任文化的恢复倾斜。另一方面，如果信任常常被背叛——预期的信任落空了、委托的东西被滥用了，而唤起的信任被忽视了——那么，这个过程转向不信任文化的建立，而甚至自我增强的信任的良性循环也可能向怀疑文化倾斜。

历史和当代的证据表明，一些社会发展了富有生命力的信任文化，而另一些社会则盛行地方性的不信任，也有一些社会从信任文化逐渐演变为广泛、普遍不信任的压抑情绪。什托姆普卡认为，寻找解释这些现象原因的因素必须从结构的方向上开展，并对历史的维度和个人的贡献有充分的认识，必须尝试详细说明有益于信任文化或有益于不信任文化的广阔社会背景，并且了解它们的影响是如何在时间中累积起来，建立起普遍信任或不信任的持久传统的。为此，什托姆普卡指出，存在一系列宏观社会条件，为社会大众提供结构上的机会去进行能够或者不能够带来报酬的信任博弈，并且能够有效地营造信任文化或不信任的文化。进一步地，进行这种信任博弈的实际倾向仍然依赖于行动者的某些普遍特质：他们探究这些机会的意识和意愿。如果结构性机会和行动者的资源相互一致，则信任文化或不信任文化就易于出现。依此逻辑，什托姆普卡建立起"信任文化社会生成模型"（见图 6−1）。① 为分析便利考虑，下文将集中于探讨信任文化的社会生成问题，而不信任文化的社会生成问题仅需做出相反描述即可推演。

2. 模型的独立变量：五种宏观社会条件组成的结构背景

在构造信任文化社会生成模型时，什托姆普卡提出五种宏观社会条件通过实现信任的有益经验会有助于信任文化的出现，即规范的一致性（Normative Coherence）、社会秩序的稳定性、社会组织的透明度、社会环境的熟悉性和其他人或机构的责任性（Accountability）。对应地，促进不信任文化生成的五种宏观社会条件为：规范的混乱、社会秩序激烈的变化、社会组织的普遍秘密性、社会环境的陌生性、其他人或机构的任意与不负责任。

（1）规范的一致性，对应于规范的混乱（Normative Chaos），或称失范（Anomie）。法律、道德、风俗的规范为社会生活提供了可靠的框架，而它们切实可行的强制保证了它们的制约性，从而提高了其他人满足我们预期的可能性。社会生

---

① 彼得·什托姆普卡：《信任——一种社会学理论》，中华书局，2005年。

活的安全感和确定感鼓励对于预期的信任的博弈；而与信任、必要的诚实、忠诚和回报更直接相关的可强制执行的规范则提高了这种行为的可能性，并使我们相信我们的委托和唤起的信任也将被实现。在失范的情况下，事情则正好相反，失范破坏了社会生活的规范网络。

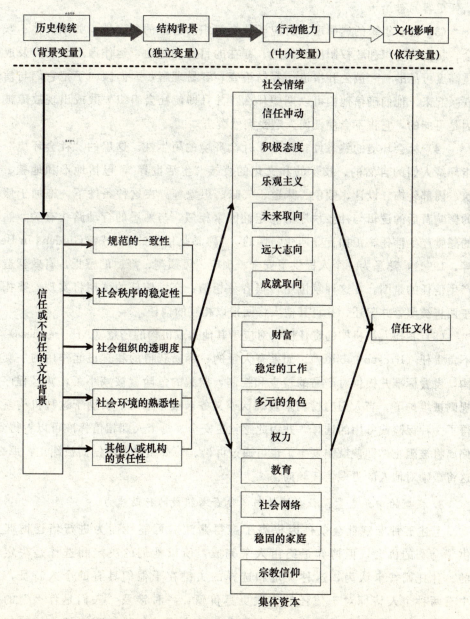

图6—1　信任文化的社会生成模型（Social Becoming Model）

(2) 社会秩序的稳定性，对应于社会秩序激烈的变化。如果群体、联合会、机构、组织和政权制度的网络是持久的、稳固的和连续的，它将为社会生活、安全、支持和舒适的感觉提供见识的参照点。人们遵循的不断重复的行为惯例使预测他们的行为成为可能，履行义务和回报信任是没有疑问的、习惯性反应，因而信任更容易被给予。

(3) 社会组织的透明度，对应于社会组织的普遍的秘密性。如果群体、联合会、机构、组织和政权制度的构造、存在的目的和理由、运作原理、能力及成效是高度可见的——被公开报道、容易检查、容易理解，人们倾向于把它们与信任联系起来。他们确信他们可以期望什么，并且即使社会组织失败或出现故障被认为是可能的，它将不会使任何人遭受突然袭击。

(4) 社会环境的熟悉性，对应于社会环境的陌生性。这里的"社会环境"是指环绕人们的自然的、技术的和文化的直接"生活世界"，包括地形和地貌、建筑、内部装饰、设计、颜色、味道、气味、想象等。在这种条件下，施加于信任的影响背后的逻辑与社会秩序的稳定性因素相似，与熟悉的行动路线有关，熟悉的感觉产生信任。正如吉登斯所强调的，"熟悉是信任的根本"（Giddens in Beck 等，1994），熟悉为一个人提供了安全、确定、可预测、舒适的感觉，有效营造了产生信任的氛围。在这种氛围中，很容易相信：充满信任的预期将实现，委托的东西将被照管并归还，并且其他人将回报以相互的信任。

(5) 其他人或机构的责任性，对应于其他人或机构的任意（Arbitrariness）与不负责任（Irresponsibility）。如果有大量的、容易获得的和真正起作用的一套机构，设置标准并提供对产品的检查和控制，欺骗的危险就被减小了，并且程序的规则被维护了。当人们的权利未被确认或义务未被考虑时，求助于这种机构就获得了一种保险或备用的选择，并因此感觉更安全。每个人都相信标准可以看得到，偏离将被阻止，即使欺骗发生了也可通过诉讼、仲裁和要求赔偿而被纠正，那么，这将激励对他人的更多信任倾向。

3. 模型的中介变量：社会情绪与集体资本组成的行动能力

上述五种宏观社会条件因提高了赢得赌注的可能性而为进行信任博弈提供了有利的机会，但博弈最终由人来完成，所以他们的决定和选择是决定性的。什托姆普卡认为，这种决定和选择的关键在于他们具有的个人特征，其中有两种个人特征对于信任的实践更具价值：一种涉及"人们是什么"的问题，即与可信性相联系的某种确定的人格综合征，包括最直接相关的信任冲动，以及间接与信任倾向相联系的人格特质，诸如积极主义而非消极主义、乐观主义而非悲观主义、未来主义取向而非现世主义取向、志向远大而非胸无大志、成就取向而非适应取向、创新驱动而非符合倾向等；另一种涉及"人们有什么"的问题，即与可信性相联系的某种确定的个人资本，包括财富、稳定的工作、权力、教育、多元的社会角色、社会网络、稳固的家庭和宗教信仰等。这两种个人特征使人们更可能并愿意使用有利于信任的结构环境提供的机会来促进信任文化的生成。

对于某特定社会（或社区或群体）来说，上述人格综合征是分布广泛的、共有的、典型的，通过模仿和相互确认而增强，通过在人群中传播而演变成为一种宏观社会秩序现象，即社会情绪。不同社会的社会情绪存在显著差异，而同一社会在历史的不同时期可能经历不同的社会情绪。什托姆普卡认为，这种不同的社会情绪促进或阻碍了信任文化的形成似乎是无可争辩的。

什托姆普卡指出，对于信任文化的形成来说，重要的不是个人的、特有的丰富资源，而是被一个社会的所有成员分享的、代表社会本质的资源丰富的水平。也就是说，它指的并非单个人的个人资本，而是集体资本，特别是由社会成员拥有的个体资源的自然发生的集合。

4. 信任文化社会生成模型的逻辑解释

在什托姆普卡的信任文化社会生成模型中，"信任的社会生成"始于信任文化的某种固有水平——信任或不信任的传统。然后，现实的结构环境——规范的一致性、稳定性、透明度、熟悉性和责任性，或者缺乏这些因素——提高或降低了伴随信任的报酬、积极的经验和信任博弈被实现或背叛的可能性。那些开放的或封闭的，对于更易于进行信任博弈的结构性机会被抓住还是被忽视，则依赖于行动者的能力。作为众多社会成员的典型的信任或怀疑人格特征的聚合性结果而出现的社会情绪，可能激励或阻碍信任文化的形成。与此相似，作为社会成员所拥有的各种资源的聚合而出现的集体资本，如果足够富有，那么它提供安全性和备用选择；如果非常匮乏，那么它将产生不安全感和无助感，因此其将阻碍信任文化的形成。图 6-2 清晰地显示出这种因果序列关系。

一旦信任文化或不信任文化出现，它就变成为信任的社会所生成的下一个循环的背景条件。什托姆普卡的信任文化社会生成模型将四组变量组合在逻辑依存的链条中，如图 6-2 所示。

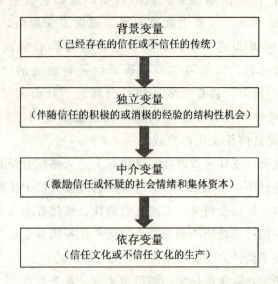

图6-2 信任文化社会生成模型的四组变量逻辑链条

信任文化社会生成模型提供了一个框架，在其中信任或不信任的决定被作出、积累并获得规范的认可秉承信任或不信任的文化规则。这些决定中的每一个都涉及可信性的评估，模型框架的实质内容不间断地在每一个个体的情形中给予"反应的可信性"——这时给予或收回信任被看成是一个选择的过程。信任或不信任文化是经过无数的这样的决定的累积而自然出现的产物。然而，它们一旦出现就获得了独立的力量，在信任或不信任的方向上推动这些决定，并且在这种意义上补充并改变信任的计算。

三、信任文化社会生成模型的实践性建议

每一个解释模型都有一些实践性的建议，它指明政策应该确立至关重要的领域的目标。尽管什托姆普卡的信任文化社会生成模型仅仅表现了信任的社会生成的连续链条中的一个环节，它在某种给定的、被接受的条件下产生作用并产生变成下一个环节的初始条件的结果，但是它仍能为我们提供关于产生和维持信任文化的可能的实践方法。以信任的崩溃情景作为分析起点，如果我们的目的是恢复和重建信任文化，政策的焦点应置于被认为对产生信任最有因果效应的变量上。列示在结构性机会下的五种条件对实际的干预具有潜在敏感性，并且对制度建设的努力也是敏感的。通过"习得的压力"（Offe 和 Preuss，Piotr Sztompka，

1991），新制定的制度能够改造社会成员的生活方式以达到更大的信任和可信性，使其更倾向于给予和实现信任。一旦结构的环境被重建，而且有利于信任的社会和政治条件被建立起来，它将作为通向信任的持续重建的第一推动力而发挥作用。良性的自我实现机制将启动，因为信任一旦被植入就会培养更多的信任。简而言之，关于产生和维持信任文化的可能的实践方法，可以分为两类：一类是针对与行动的结构和制度环境相关因素的制度调整；另一类是针对在上述结构和制度环境中发挥作用的行动者的信任教育。

第三节　中国股票发行监管制度变迁：基于什托姆普卡诚信理论的解释

一、中国股票发行监管制度变迁简述

自 1990 年中国正规意义上的股票市场建立以来，依据制度变迁的关键性特征来看，中国股票发行监管制度大致经历了三个主要演变阶段（见图 6-3）：

第一阶段为 1990～2001 年 2 月，股票发行审批监管制度。也就是说，此间中国股票发行监管制度一直实施的是行政审批制度。其中，1993～1995 年实行的是"额度制"，1996～2000 年实行的是"指标制"，二者并无本质区别，共同的主导模式为行政主导、额度分配、指标管理，地方政府或行业主管部门选择与推荐企业。

第二阶段为 2001 年 3 月～2004 年 1 月，股票发行核准监管制度。1999 年 7 月《证券法》颁布，明确要求中国股票发行制度要实施核准制。从 2001 年 3 月 17 日开始，我国正式实施股票发行核准监管制度。此间，主要实行的是"通道制"，其主导模式为半市场主导，主承销商选择与推荐企业，证监会依法核准。

第三阶段为 2004 年 2 月至今，股票发行核准与保荐监管制度。2003 年 1 月，在中国证监会召开的全国证券期货监管工作会议上，逐步建立上市保荐制度被列为工作重点之一。2003 年 7 月 1 日，证监会向国内 10 余家大型券商发放了《公开发行和上市证券保荐管理暂行办法》征求业内意见稿。2004 年 1 月 4 日，中国证监会就实施《证券发行上市保荐制度暂行办法》有关事项发出通知。2004 年 2 月 1 日起，《证券发行上市保荐制度暂行办法》正式施行。其主导模式为市场主导，保荐机构和保荐代表人双重推荐，证监会依法核准。

2004 年 8 月 30 日，中国证监会公开征求《关于首次公开发行股票试行询价制度若

干问题的通知》（征求意见稿）的意见。2005 年 1 月 1 日起，中国证监会《关于首次公
开发行股票试行询价制度若干问题的通知》（证监发行字［2004］162 号）正式施行。

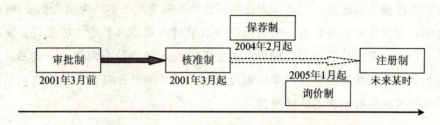

图 6－3　市场化进程中的中国股票发行监管制度变迁

二、股票发行审批监管制度必然逐渐累积诚信危机

1990～2000 年，我国的股票发行制度一直实施的是行政审批制度，先后实行
额度制和指标制。

在此期间，诸如琼民源、红光实业、郑百文、大庆联谊、康赛集团、猴王股
份、黎明股份……中国股市中的"造假公司"名单可以列出一长串，其中不少涉
及股票发行上市造假，例如成都红光欺诈发行上市案、东方锅炉欺诈发行上市案、
蓝田股份欺诈发行上市案、大庆联谊欺诈发行上市案、康赛集团欺诈发行上市案、
麦科特欺诈发行上市案、通海高科欺诈发行案等。尤其是 2001 年发生的银广夏造
假案，将多年来逐渐累积的诚信缺失问题引爆为史无前例的"全面性诚信危
机"——怀疑上市公司、怀疑中介机构、怀疑股评人士、怀疑监管部门，对中国
股市的信誉度造成极大冲击，有人形容该案为引爆了一颗"诚信炸弹"。

1. 额度制下的诚信危机案件——"红光公司欺诈发行上市案"

成都红光实业股份有限公司（以下简称"红光公司"），前身为国营红光电子
管厂，经批准，该公司于 1997 年 5 月向社会公开发行股票，实际募集资金 41020
万元。根据中国证监会对该公司股票发行期间及上市之后情况的调查，发现红光
公司存在编造虚假利润，骗取上市资格；少报亏损，欺骗投资者；隐瞒重大事项；
未履行重大事件的披露义务；挪用募集资金买卖股票；涉嫌犯罪等严重违法、违
规行为。[1] 针对红光公司的上述严重违法、违规行为，中国证监会依法决定对

---

① 《中国证监会关于成都红光实业股份有限公司严重违法违规案件的通报》，《中国证券报》1998 年 11
月 20 日。

红光公司、有关中介机构及主要责任人作出了相应处理。红光公司违法违规的案件表明,个别上市公司和包括承销机构、推荐机构、会计师事务所、律师事务所等证券中介机构无视国家法律、法规,为牟取经济利益,弄虚作假甚至以身试法,严重损害了广大投资者的利益,影响了早期中国证券市场的健康发展。

红光公司欺诈发行上市案发生在中国证券市场发展早期,在很大程度上,它是当时实行的股票发行审批监管制度的必然结果。在当时的额度制下,为能够争取到发行上市的额度,企业存在强烈的编造虚假利润并隐瞒重大事项而谋求发行股票的动机,一批这类企业的这种动机必定累积为某种程度的诚信危机。

红光公司欺诈发行上市案

欺诈发行

根据中国证监会对该公司股票发行期间及上市之后情况的调查,发现红光公司存在编造虚假利润、骗取上市资格、隐瞒重大事项、挪用募集资金买卖股票等严重违法、违规行为:①编造虚假利润,骗取上市资格。红光公司在股票发行上市申报材料中,采取虚构产品销售、虚增产品库存和违规账务处理等手段,将1996年度实际亏损10300万元,虚报为盈利5400万元,骗取上市资格。②少报亏损,欺骗投资者。红光公司上市后,继续编造虚假利润,将1997年上半年亏损6500万元,披露为盈利1674万元,虚构利润8174万元;1998年4月该公司在公布1997年年度报告时,将实际亏损22952万元(相当于募集资金的55.9%)披露为亏损19800万元,少报亏损3152万元。③隐瞒重大事项。自1996年下半年起,红光公司关键生产设备彩玻池炉就已出现废品率上升,不能维持正常生产等严重问题,对此红光公司在申请股票发行上市时故意隐瞒,未予披露。④未履行重大事件的披露义务。现查实,红光公司仅将41020万元募集资金中的6770万元(占募集资金的16.5%)投入招股说明书中所承诺的项目,其余大部分资金被改变投向,用于偿还境内外银行贷款和填补公司的亏损。改变募集资金用途属于重大事件,但红光公司对此却未按规定进行披露。⑤挪用募集资金买卖股票。1997年6月,红光公司将募集资金中的14086万元(占募集资金的34.3%)投入股市买卖股票,其中红光公司通过开立217个个人股票账户自行买卖股票,动用9086万元；以委托投资名义，将其余5000万元交由其财务顾问中兴发企业托管有限公司利用11个个人股票账户买卖股票。红光公司在上述股票交易中共获利450万元。⑥犯罪。红光公司在股票发行与上市过程中按协议应支付发行上市费用1496万元，占募集资金总额的3.65%，比公开披露需支付的发行上市费用1330万元多出166万元，其中白条入账等非正常开支达13万元，从账外支付100万元，有涉嫌犯罪问题。

行政处理

①没收红光公司非法所得450万元并罚款100万元；认定红光公司原董事长何行毅、原总经理焉占翠和原财务部副部长陈哨兵为证券市场禁入者，永久性不得担任任何上市公司和从事证券业务机构的高级管理人员职务；对负有直接责任的王志坚等12名红光公司董事分别处以警告。②对红光公司股票发行主承销商中兴信托投资有限责任公司和红光公司财务顾问中兴发企业托管有限公司，分别没收非法所得800万元和100万元，并分别罚款200万元和50万元；认定两公司主要负责人于振永、李峻和直接责任人吴书骏、吴子维、傅文成为证券市场禁入者，永久性不得从事任何证券业务；撤销中兴信托投资有限责任公司股票承销和证券自营业务许可。③对为红光公司出具有严重虚假内容的财务审计报告和含有严重误导性内容的盈利预测监管意见书的成都蜀都会计师事务所，没收非法所得30万元并处罚款60万元；暂停该所从事证券业务3年；认定该所在为红光公司出具的审计报告上签字的注册会计师汪应钦、张秀花为证券市场禁入者，永久性不得从事任何证券业务。④对承担红光公司股票发行相关中介业务的成都资产评估事务所和四川省经济律师事务所，分别没收非法所得10万元和23万元，并分别罚款20万元和46万元；暂停上述机构从事证券业务3年；认定有关直接责任人寇孟良、刘安颖为证券市场禁入者，3年内不得从事任何证券业务和担任上市公司高级管理人员。对担任红光公司股票发行主承销商中兴信托投资有限责任公司法律顾问的北京市国方律师事务所，没收非法所得20万元并罚款40万元；暂停该所和有关直接责任人丛培国、冯方从事证券业务1年。⑤对红光公司上市推荐人国泰证券有限公司和成都证券公司，分别处以罚款132万元和50万元，建议主管部门对有关责任人给予撤销行政职务的处分。⑥对红光公司、有关单位和个人除给予处罚外，其中涉嫌犯罪的，将移交司法机关依法查处。

红光公司欺诈发行上市案发生在中国证券市场实行额度制的股票发行审批监管制度背景下，当时正规化的中国证券市场仅有6年历史，中国社会经济体系刚刚处于从计划经济向市场经济转轨的初始阶段。那时，诚信思想的历史积淀并没有随着时代的发展而转化为成功有效的制度安排，相应的制度建设并不稳定、系统和连续。改革开放以来，人们不断提高的精神文明素质对社会诚信的发展起到了一定的促进作用，但在计划经济向市场经济转轨过程中，诚信与社会经济生活的密切联系一度被割裂开来，甚至被遗忘、丢弃，失信行为的负面影响也开始凸显出来。

根据什托姆普卡的信任文化社会生成理论模型，对应于1996年以前中国证券市场额度制的股票发行审批监管制度背景，五种宏观社会条件组成的结构背景通过实现不诚信的有害经验促进失信文化的出现和发展，即规范的混乱、社会秩序激烈的变化、社会组织的普遍秘密性、社会环境的陌生性、其他人或机构的任意与不负责任。上述五种宏观社会条件因提高了赢得赌注的可能性而为进行失信博弈提供了有利的机会，但博弈最终由人来完成，所以各市场参与主体的决定和选择是决定性的。

根据什托姆普卡的理论观点，对于当时中国证券行业的这一特定群体来说，与可信性相联系的某种确定的人格综合征（这里包括最直接相关的信任冲动，以及间接与信任倾向相联系的人格特质，诸如消极主义、悲观主义、现世主义取向、胸无大志、适应取向和符合倾向等）是分布广泛的、共有的、典型的，通过模仿和相互确认而增强，通过在人群中传播而演变成为一种宏观社会秩序现象，即不安的社会情绪。无疑，作为众多市场参与主体的典型的怀疑人格特征的聚合性结果而出现的这种不安的社会情绪阻碍了中国证券市场诚信文化的形成或者说促进了中国证券市场失信文化的形成发展。

什托姆普卡指出，对于信任文化的形成来说，重要的是被一个社会的所有成员分享的代表社会本质的上述资源的丰富水平。也就是说，它指的并非单个人的个人资本，而是集体资本，特别是由社会成员拥有的个体资源的自然发生的集合。作为当时中国证券行业的这一特定群体所拥有的各种资源的聚合而出现的集体资本，包括财富贫乏、工作变得越来越不稳定、权力减少、教育越来越紧张、社会角色越来越多元化、社会网络越来越复杂化、家庭的不稳固性越来越显著和宗教信仰问题等集体资本匮乏，那么，它必定产生不安全感和无助感，因此其阻碍着诚信文化的形成或者说激励着失信文化的生成发展。

2. 指标制下的诚信危机案件——"通海高科欺诈发行案"

1996～2000年实行的"指标制"主要做法是，"总量控制，限报家数"，由国务院证券管理部门确定在一定时期内应发行上市的企业家数，然后向省级政府和行业管理部门下达股票发行家数指标，省级政府或行业管理部门在上述指标内推荐预选企业，证券主管部门对符合条件的预选企业同意其上报发行股票正式申报材料并审核。

2000 年 7 月，中国证券市场出现发行不到 1 个月即被群众举报涉嫌造假的"通海高科欺诈发行案"。通海高科于 2000 年 6 月末 7 月初以每股 16.88 元的价格，向社会公开发行 1 亿股上市流通股份，扣除发行费用后，公司实际募集资金 16.55 亿元。虽然发行价高达 16.88 元，仍然受到投资者的热烈追捧，中签率仅为 1.017%。其发行市盈率高达 61.83 倍，创下当时沪、深股市的新纪录。发行募集结束后，群众举报通海高科的公开募集文件含有重大虚假内容，2000 年 7 月 24 日中国证监会随即做出通海高科股票暂缓上市流通的决定，并展开立案调查。经过两年多的调查，2002 年 9 月 7 日，据《公司法》第一百三十七条、第一百五十二条关于申请股票发行上市的公司在最近三年内财务会计文件必须无虚假记载的规定，通海高科不符合股票发行上市的条件。根据《证券法》第十八条的规定，对通海高科股票公开发行的核准决定应当予以撤销，通海高科由股票发行所获的募股资金应当返还投资者。① 这在中国证券市场上还是第一次。

通海高科欺诈发行股票案

欺诈发行

根据中国证监会对调查中取得的有关财务会计证据材料的分析显示，并入通海高科的江门电视机厂和江门销售公司，于 1998 年、1999 年两年合计虚构电视机生产销售 146 万余台，合计虚构主营业务收入近 35 亿元，合计虚构主营业务利润 5 亿多元。与上述虚构的财务会计数据相关的、虚开的增值税发票 1000 多张，合计金额近 16 亿元，以及伪造、变造的银行承兑汇票、银行进账单、银行对账单等金融票证。此外还涉嫌偷漏税金 2 亿多元。通海高科在其股票发行申请和公开募集文件中使用了江门电视机厂和江门销售公司上述虚构的财务会计数据，将其 1998 年、1999 年两年的主营业务收入分别公布为 25 亿元和 15 亿元，主营业务利润分别公布为 4.3 亿元和 2.5 亿元。通海高科的财务会计文件由此存在重大虚假记载。

---

① 《证监会撤销通海高科发行核准通报处理办法》，《上海证券报》2002 年 9 月 7 日。

行政处理

发行募集结束后，根据群众举报通海高科公开募集文件含有重大虚假内容，2000 年 7 月 24 日中国证监会随即做出通海高科股票暂缓上市流通的决定，并展开立案调查；经过两年多的调查后，2002 年 9 月 7 日，中国证监会宣布撤销其对通海高科股票公开发行的核准。

刑事处罚

鉴于通海高科主要责任人员有涉嫌犯罪的情节，根据国务院《行政执法机关移送涉嫌犯罪案件的规定》中的第三条，中国证监会已依法将该案移送司法机关追究刑事责任。2003 年 12 月 20 日，长春市经济技术开发区人民法院第二次开庭，对通海高科欺诈发行股票案做出一审宣判。通海高科被判处罚金人民币 1688 万元；邢彦文被判处有期徒刑二年，缓刑三年；李长有、黎金源分别被判处有期徒刑一年零六个月，缓刑二年；许木、张思怀分别被判处有期徒刑一年，缓刑二年。签字会计师宋志刚、签字律师刘敬华分别被判处有期徒刑一年，缓刑二年，并处罚金人民币 10 万元；签字会计师谢德章、签字律师王冬艳分别被处罚金人民币 5 万元。

通海高科欺诈发行案发生在中国证券市场实行指标制的股票发行审批监管制度背景下，此时正规化的中国证券市场发展了 10 年，中国社会主义市场经济体制初步形成，经济转轨开始进入攻坚阶段。诚信文化社会生成模型提供了一个框架，在其中不诚信的决定被作出、积累并获得不规范的认可，秉承不诚信的文化规则。这些决定中都涉及可信性的评估，模型框架的实质内容不间断地在每一个个体的情形中给予"反应的可信性"——这时收回信任被看成是一个选择的过程。不诚信文化是经过无数的这样的决定的累积而自然出现的产物。然而，它们一旦出现就获得了独立的力量，在不诚信的方向上推动这些决定，并且在这种意义上补充和改变信任的计算。

3. 股票发行审批监管制度必然逐渐累积诚信危机

股票发行审批监管制度的行政干预程度最高，适用于刚起步的资本市场，由于在监管机构审核前经过地方政府或行业主管部门的"选拔"，因此审批制对发行人信息披露的要求不高，只需作一般性的信息披露，其发行定价也体现了很强的行政干预特征。在证券市场建立之初，股票发行是一项试点性工作，哪些公司可以发行股票是一个非常敏感的问题，需要有一个通盘考虑和整体计划，也需要由政府对企业加以初步遴选。首先，可以对企业有个基本把握。其次，为了循序渐进培育市场，平衡复杂的社会关系。最后，当时的市场参与各方还很不成熟，缺乏对资本市场规则、参与主体的权利义务的深刻认识。因此，实行股票发行审批制是历史的必然选择。

随着中国证券市场的发展，审批制的弊端显得越来越明显，主要表现为五个方面：①在审批制下，企业选择行政化，资源按行政原则配置。上市企业往往是利益平衡的产物，担负着为地方或部门内其他企业脱贫解困的任务，这使它们难以满足投资者的要求，无法实现股东的愿望了。②企业规模小，二级市场容易被操纵。③证券中介机构职能错位、责任不清，无法实现证券市场的规范发展。④一些非经济部门也获得额度，存在买卖额度的现象。⑤行政化的审批在制度上存在较大的寻租行为。

对于中国证券市场来说，从微观层面看，在股票发行审批制下，证券市场机制不健全，作为基础环节的市场参与者的行业文明和诚信素养欠缺，行为不规范，市场发展环境欠佳。这些问题交织作用，加剧了不良竞争和不规范行为，既影响了经济发展的信心，又给经济发展增添了障碍。一些问题看似公司行为造成的，其实主要源于人为因素，反映了行业乃至社会的诚信文化基础和环境的缺失和恶化。

在股票发行审批制下，上市公司运作不规范、质量不高，动摇了市场基础，削弱了市场发展后劲。这里包括：虚假上市、拼凑上市，破坏了市场公信；虚假重组、抽血式重组，加剧了市场动荡和投机；大股东操纵、关联交易，损害公众投资者利益；不规范担保，拖累上市公司发展，加重非经营风险；只重视筹资，不重视公众投资回报，影响投资者信心；不负责任的圈钱、融资问题，使公司质量得不到保证，后劲不足。这些行为归结起来是不规范和欺诈并存，既反映了公司法人治理结构的落后，又反映了社会文明和诚信基础的薄弱。虽然并不代表整个上市公司群体，但有着诱发效果和污染效果，从根本上动摇了证券市场的信用基础，削弱了投资者对证券投资的信心，助长了市场投机，这是证券市场信任危机的重要根源。

与此同时，证券市场参与主体运作不规范、中介机构和从业人员诚信素质蜕化。分类来看：①少数基金公司道德约束缺失。②部分证券公司规模较小、资信低，道德素质和管理水平不够，内控制度作用有限，出现了随意挪用客户保证金等违规问题和违规操作、迁就上市公司弄假和客户不合理中介要求等问题，隐患很大。③"私募基金"缺乏有效规范，加剧非法操纵市场，成为引发许多交易纠纷的重要风险源。④少数会计师、律师、资信评估等证券执业中介机构受道德素质局限，存在不规范执业甚至故意犯罪，助长了少数上市公司的虚假和欺诈行为。

所有这些，无不揭示出市场行为主体的失信问题，说明有利于规范经营的政治制度基础、政策环境和市场文化尚未形成，存在"劣币驱逐良币"问题。好与坏没有区别对待，甚至做得好的还不如做得差的得利更容易，这种社会价值取向必然导致诚信文化的蜕化。诚信的蜕化和缺失反映了诚信意识的淡漠，而诚信意识淡漠，并不是因为我们这个民族没有诚信文化，而是因为人们的文明修养和教育不够。根本上是因为没有形成促进人们讲诚信的机制和环境，社会经济生活中不能产生对诚信的内在需要。既然诚信的价值在社会经济生活中得不到体现，人们生存和发展不太需要讲诚信，那么，它自然就不会受到重视。

根据什托姆普卡的信任文化社会生成模型，中国证券市场"诚信的社会生成"始于诚信文化的某种固有水平——过去一段时间里的失信传统。然后，现实的结构环境，规范的一致性、稳定性、透明度、熟悉性和责任性等因素的缺乏，则降低了伴随诚信的报酬、积极的经验和诚信博弈被实现的可能性。那些开放的或封闭的对于更易于进行诚信博弈的结构性机会，则因为行动者（市场参与主体）的能力问题而被忽视。作为众多市场参与主体的典型的怀疑人格特征的聚合性结果而出现的社会情绪，可能阻碍诚信文化的形成。与此相似，作为众多市场参与主体所拥有的各种资源的聚合而出现的集体资本非常匮乏，那么它必将产生不安全感和无助感，因此其阻碍着诚信文化的形成和发展。

一旦失信文化出现，它就会成为失信的社会生成的下一个循环的背景条件。什托姆普卡的信任文化社会生成模型将四组变量组合在逻辑依存的链条中：背景变量（已经存在的诚信或失信的传统）——独立变量（伴随诚信的积极或者消极的经验的结构性机会）——中介变量（激励诚信或者激励失信的社会情绪和集体资本）——依存变量（诚信文化或者失信文化的生成）。失信拥有自我增强能力，即以前的失信对于目前的诚信博弈以及未来的失信文化的自我增强效应。失信文化存在一种恶性循环，从已经存在的失信文化开始，通过收回诚信，其结果是增强的怀疑文化。如果诚信常常被背叛——预期的诚信落空了，委托的东西被滥用了，而唤起的诚信被忽视了——那么，这个过程转向失信文化的建立，而甚至自我增强的诚信的良性循环也可能向怀疑文化倾斜。过去一段时间里，中国证券市场的失信文化正是在这种逻辑循环中不断增强式恶化，直至在过去几年里爆发了极其严重的市场诚信危机，整个证券行业经历了史无前例的衰落阶段。

三、股票发行核准监管制度：防范失信并且增进诚信

1999 年 7 月《证券法》颁布，明确要求我国股票发行监管制度要实施核准制。从 2001 年 3 月开始我国股票发行正式实施核准制，而在实际执行中实行的是核准制下的"通道制"，也就是向各综合类券商下达可推荐拟公开发行股票的企业家数。只要具有主承销商资格，就可获得 2～8 个通道，具体的通道数以 2000 年该主承销商所承销的项目数为基准，新的综合类券商将有 2 个通道数。主承销商的通道数也就是其可申报的拟公开发行股票的企业家数。通道制下股票发行"名额有限"的特点未变，但通道制改变了过去行政机制遴选和推荐发行人的做法，使得主承销商在一定程度上承担起股票发行风险，同时也真正获得了遴选和推荐股票发行的权力。

由于审批制明显阻碍了证券市场规范发展，因此，1999 年实施的《证券法》对发行监管制度作了改革，其第十五条明确规定："国务院证券管理机构依照法定条件负责核准股票发行申请。"2000 年 3 月 6 日，《股票发行核准程序》颁布实施，标志着核准制的正式施行。核准制是证券监管部门根据法律法规所规定的股票发行条件，对按市场原则推选出的公司的发行资格进行审核，并做出核准与否决定的制度。核准制取消了由行政方法分配指标的做法，改为由主承销商推荐、发行审核委员会表决、证监会核准的办法。核准制最初的实现形式是通道制。核准制取代审批制，反映了证券市场的发展规律，表明一家企业能否上市，已经不再取决于这家公司能否从地方政府手中拿到计划和指标，取而代之的是企业自身的质量。从审批制到核准制的转变，体现了中国证券市场发展的内在要求，反映了证券监管思路的变化，表明中国的证券市场监管逐步摆脱计划经济思维方式的束缚。

通道制下股票发行"名额有限"的特点未变，但通道制改变了过去行政机制遴选和推荐发行人的做法，使得主承销商在一定程度上承担起股票发行风险，并且获得了遴选和推荐股票发行的权力。通道制的缺陷也是明显的。①通道制本身并不能真正解决有限的上市资源与庞大的上市需求之间的矛盾，无法根本改变中国证券市场深层次结构性失衡的问题。②通道制带有平均主义的色彩。只要具有主承销商资格，实力再强，手中项目再多，也只有 8 个通道，而规模再小，也不少于 2 个通道。这种状况下，大小券商的投行业务有分散化的倾向，这导致投行业务中的优胜劣汰机制难以在较大范围内发生作用，不利于业务的有效整合和向深度、广度发展。③通道制对主承销商的风险约束仍然较弱，不能有效地敦促主

承销商勤勉尽责。因此，通道制只能是中国股票发行监管制度从审批制向核准制转变初期的过渡性措施和阶段性产物，它依然带有计划干预的影子，出现诚信危机案件仍然不可避免。例如，核准制（通道制）下的诚信危机案件——科大创新涉嫌欺诈发行与信息披露违规案。

科大创新涉嫌欺诈发行与信息披露违规案是在 2001 年 3 月开始正式实施股票发行核准监管制度后发生的。该公司于 2002 年 8 月 21 日首次公开发行股票并于同年 9 月 5 日在上海证券交易所上市。2004 年 4 月 2 日科大创新公告称，近日公司接到安徽省公安厅经济犯罪侦查总队的情况通报，获悉公司原总裁陆晓明和原财务总监张建生因涉嫌经济犯罪，已被合肥市人民检察院批准逮捕。案件主要涉及公司 2000 万元存款被银行扣划和 3000 万元委托理财资金。4 月 28 日，科大创新发布公告称，公司收到中国证监会立案调查的通知，决定对该公司"因涉嫌违反证券法规"一事进行立案调查。同年 5 月 17 日，上海证交所对科大创新因信息披露方面存在违规事项而发布对该公司和有关董事的公开谴责决定。

科大创新涉嫌欺诈发行上市与信息披露违规案

涉嫌欺诈发行

根据上海证券交易所 2004 年 5 月 17 日作出的《关于对科大创新和有关董事予以公开谴责的决定》，科大创新 2001 年和 2002 年财务报告披露中存在不实之处：2001 年和 2002 年，公司主要经营责任者隐瞒了部分会计资料，通过虚构合同以增加收入等方式，导致 2001 年和 2002 年财务报告中净利润增加 831.56 万元和 592.07 万元，分别占 2001 年和 2002 年调整后的净利润的 479.5%和 408.8%。

事实上，根据科大创新披露的更正后的财务报表，该公司 2001 年虚增利润 832 万元，2002 年虚增利润 592 万元。即如果扣除虚增的利润，科大创新上市前的 2001 年净利润已从 1005 万元减至 173 万元，每股收益从 0.20 元减至 0.03 元，净资产收益率从 11.99%降至 2.24%；上市后的 2002 年净利润已从 737 万元减至 145 万元，每股收益从 0.10 元减至 0.02 元，净资产收益率从 4.13%降至 0.88%，已根本不符合上市条件。

信息披露违规

根据上海证券交易所 2004 年 5 月 17 日作出的《关于对科大创新和有关董事予以公开谴责的决定》，科大创新在信息披露方面存在以下违规事项：

　　(1) 未及时披露对外担保事项。公司于 2002 年 10 月将 2500 万元存于广州中信银行，并将其中的 2000 万元用于对广东中粤公司的担保。该金额占公司 2001 年末净资产的 26%。2004 年 1 月 13 日，公司才公告了该担保事项。

　　(2) 未及时披露委托理财事项。公司于 2003 年 3 月投入 3000 万元用于委托理财。该金额占公司 2002 年末净资产的 17.5%。2003 年 6 月 6 日公司才公告了相关委托理财事项。

　　事实上，2003 年 6 月，科大创新投入 3000 万元，与深圳市德城安投资公司签订《资产委托管理合同》，根据安徽省公安厅经济犯罪侦查总队于 2004 年 3 月 22 日出具的《"12·17"案件涉案资金情况说明》，该项委托理财金已被挪用，涉嫌犯罪人正是陆晓明和张建生。2002 年 10 月，陆晓明和张建生将公司 2500 万元私自存在广州中信银行，并将其中的 2000 万元用于对广东中粤的担保，由于广东中粤未能如期偿还，中信银行广州分行扣划了公司在该银行的存款 2000 万元。2004 年 1 月 8 日，科大创新原总裁、董事陆晓明和财务总监张建生，因涉嫌私自将异地存款违规对外担保以及委托理财资金难以收回等原因被迫辞职，并于 3 月中旬被合肥市检察院以涉嫌经济犯罪正式批准逮捕。

　　中国股票发行监管制度从核准制向审批制的转变，尽管始于诚信文化的某种基本失信的固有水平，但是这种渐进的转变改变了现实的结构环境——规范的一致性、稳定性、透明度、熟悉性和责任性逐渐趋强，逐渐提高伴随诚信的报酬、积极的经验和诚信博弈被实现的可能性。而且，这种股票发行监管制度的转变，使得市场参与主体容易抓住那些开放的或封闭的易于进行诚信博弈的结构性机会。作为众多市场参与主体的典型的诚信人格特征的聚合性结果而出现的社会情绪，可能激励诚信文化的形成。与此相似，作为所有市场参与主体所拥有的各种资源的聚合而出现的集体资本开始变得富有起来，能够提供安全性和备用选择，因此其也将激励诚信文化的形成。

　　一旦诚信文化出现，它就会成为诚信的社会生成的下一个循环的背景条件。在什托姆普卡的信任文化社会生成模型逻辑链条中，经由背景变量（已经存在的诚信传统）到独立变量（伴随诚信的积极的经验的结构性机会），再经中介变量（激励诚信的社会情绪和集体资本），最后形成依存变量（诚信文化的生成）。诚信拥有自我增强能力，即以前的诚信对于目前的诚信博弈以及未来的诚信的自我增强效应。在股票发行核准监管制度（通道制）的这一阶段，诚信文化存在一种良性循环，从已经存在的诚信文化开始，通过所给予的被证实的诚信，其结果是增强的诚信文化。在此阶段，诚信开始经常性地被满足——预期的诚信被证实了，委托的东西被偿还了，而唤起的诚信得到了回报——这个过程开始倾向于诚信文化的建立，甚至自我增强的失信的恶性循环也可能开始向诚信文化的恢复倾斜。

四、股票发行核准与保荐监管制度：促进诚信生成并且自我增强

2003 年 1 月，在中国证监会召开的全国证券期货监管工作会议上，逐步建立上市保荐制度被列为工作重点之一。2003 年 7 月 1 日，证监会向国内 10 余家大型券商发放了《公开发行和上市证券保荐管理暂行办法》征求业内意见稿。2004 年 1 月 4 日，中国证监会就实施《证券发行上市保荐制度暂行办法》有关事项发出通知。2004 年 2 月 1 日起，《证券发行上市保荐制度暂行办法》正式施行。2004 年 8 月 30 日，中国证监会公开征求《关于首次公开发行股票试行询价制度若干问题的通知》（征求意见稿）的意见。2005 年 1 月 1 日起，中国证监会《关于首次公开发行股票试行询价制度若干问题的通知》（证监发行字［2004］162 号）正式施行。

核准制下的实质性审核主要是考察发行人目前的经营状况，但据此并不能保证其未来的经营业绩，也不能保证其募集资金不改变投向，更不能在改变投向的情况下保证其收益率。中国有相当比例的上市公司，在上市当年，或者上市后一年内出现亏损或业绩大幅下滑（即媒体所称的"变脸"）、募集资金变更等现象，有些上市公司内部运作还很不规范，存在比较多的大股东侵犯小股东利益的情形。为了在现有框架内最大限度地发挥核准制的作用，系统提高中国上市公司质量，增强中介机构对于发行人的筛选把关和外部督导责任，促使中介机构能够把质量好、规范运作的公司推荐给证券市场，中国证券监管部门引入保荐代表人制度，变"关口式监管"为"管道式监管"。

保荐人制度的引入，试图通过连带责任机制把发行人质量和保荐人的利益直接挂钩，使其收益和承担的风险相对应。保荐人对于行业和公司价值判断的专业水平及工作作风，将对其保荐绩效和业务收益形成直接影响，并最终决定其在行业中的竞争力。如果保荐人督导不力，在保荐责任期间出现严重的大股东、董事或者经理层对上市公司的利益侵占等现象，保荐人将承担连带责任。所以，保荐人为了减少上市公司行为不规范而给自身带来督导不力的连带责任风险，其必须十分重视对大股东的资质和诚信进行充分调查。同时，还需要采取必要的方式（比如签订协议）以对大股东行为进行有效约束。

根据什托姆普卡的信任文化社会生成理论，目前中国股票发行核准与保荐监

管制度能够促进诚信文化的生成并实现自我增强效应。因为当前中国证券市场存在一系列宏观社会条件下，为市场参与各方提供结构上的机会使他们去进行能够带来报酬的信任博弈，并且能够有效地营造信任文化。进一步地讲，进行这种信任博弈的行动者的资源与结构性机会相互一致，能够促进信任文化的出现、发展并实现自我增强。

然而，即使是在业已配套保荐制的核准制下，股票发行核准监管制度也可能因相关当事人的诚信责任问题而失效。例如 2004 年 6 月发生的江苏琼花隐瞒"问题投资"的信息披露违规事件。2004 年 6 月 3 日实施 IPO（首次公开发行股票）并于同年 6 月 25 日在深圳证券交易所（以下简称"深交所"）上市的江苏琼花，公开上市不到 20 天，便因隐瞒"问题投资"导致信息披露违规而遭谴责，创下中国股市"享用"证券交易所公开谴责的最快纪录。经深交所查实，江苏琼花有以下事实未在 2004 年 6 月 18 日刊登的《首次公开发行股票上市公告书》中如实披露：①2002 年 7 月 25 日，公司将 1500 万元资金给德恒证券有限责任公司进行委托理财，该项委托理财于 2004 年 8 月 4 日到期。②2003 年 4 月 24 日，公司将 1000 万元资金给恒信证券有限责任公司进行为期 1 年的委托理财，委托期届满时未收回资金。③2004 年 6 月 17 日，公司将上述两项委托理财权益转给扬州德龙化工有限公司，后者向公司出具了代德恒证券有限责任公司和恒信证券有限责任公司偿付委托理财资金的承诺函。

江苏琼花作为中小企业板块首批上市企业之一，在《首次公开发行股票上市公告书》中没有如实披露有关委托理财事实，不仅违反了国家有关法律法规，也严重违反了《深圳证券交易所股票上市规则》的有关规定，造成了恶劣影响。为此，2004 年 7 月 1 日，在有关媒体对江苏琼花国债投资风险提出质疑后，深交所向该公司发出了问询函。7 月 6 日，约见了该公司董事长和董事会秘书。7 月 7 日，约见了闽发证券保荐代表人，进一步了解并核实有关情况。7 月 9 日，江苏琼花按深交所要求刊出《关于国债投资情况的公告》，同日深交所作出关于对江苏琼花及其董事长于在青、董事兼总经理敖吟梅予以公开谴责的决定。与此同时，深交所对于江苏琼花及相关人员的违规行为和公开谴责处分，将记入该公司诚信档案，同时对于此次事件中保荐机构的诚信责任及其履行持续保荐职责的能力表示强烈的关注。

可见，诚信文化的生成与发展是一个长期的过程，需要历史的积累，需要遵循一种良性循环。从已经存在的诚信文化开始，通过所给予的被证实的诚信来持续演进、反复增强诚信文化。在诚信文化的萌芽乃至初步生成的时候，更重要的是采取针对行动的结构和制度环境相关因素的制度调整。

五、最新修订的《证券法》：强制性推动诚信文化自我增强

什托姆普卡信任理论指出，产生和维持信任文化有两类实践方法，其中一类是针对行动的结构和制度环境相关因素的制度调整。

在 2005 年 10 月经修订后的新《证券法》（以下简称"新法"）中，建立了防范欺诈发行虚假上市的多层次体系，就是针对行动的结构和制度环境相关因素的制度调整，它从立法的高度明确保荐人制度的法律地位、新增预信息披露制度以及明确控股股东诚信义务，[①] 强制推动当前中国证券市场诚信文化发展并自我增强。

首先，新《证券法》首次明确了保荐人制度的法律地位，通过保荐人制度防范欺诈发行。"新法"第十一条规定，发行人申请公开发行股票、可转换为股票的公司债券，依法采取承销方式的，或者公开发行法律、行政法规规定实行保荐制度的其他证券的，应当聘请具有保荐资格的机构担任保荐人。"新法"强调，保荐人应当遵守业务规则和行业规范，诚实守信，勤勉尽责，对发行人的申请文件和信息披露资料进行审慎核查，督导发行人规范运作。"新法"明确，保荐人的资格及其管理办法由国务院证券监督管理机构规定。"新法"还明确规定了保荐人在有关发行审核决定被撤销，或者发行人的信息披露材料出现虚假不实陈述时的法律责任。保荐人制度有利于通过加强中介机构的审慎和勤勉责任解决上市公司造假问题。不仅要求保荐人对发行人进行详尽的尽职调查，发现存在的风险，还要求对企业价值和发展潜力做出准确的判断，以及协助企业建立完善的法人治理结构，监督企业上市后募集资金的运用。

其次，新《证券法》新增首次公开发行证券申请人预信息披露制度。旧《证券法》规定，经国务院证券监督管理机构核准依法发行股票，或者经国务院授权的部门批准依法发行公司债券，依照公司法的规定，应当公告招股说明书、公司债券募集办法。依法发行新股或者公司债券的，还应当公告财务会计报告。新《证券法》除规定提交募股申请时应报送的文件，还增加了保荐书的要求。同时新增预信息披露制度。按照"新法"第二十一条规定，发行人申请首次公开发行股

---

① 海惠：《新证券法三大措施防范欺诈发行》，《证券时报》2005 年 11 月 24 日。

票的，在提交申请文件后，应当按照国务院监督管理机构的规定预先披露有关申请文件。首次公开发行股票的申请人预先披露申请发行上市的有关信息，有利于拓宽发挥社会监督渠道，防范类似于"通海高科欺诈发行案"的发生。通海高科发行时，被认为是国内唯一一家液晶显示器生产企业，前景极其看好，发行市盈率高达 61.83 倍。在发行后几天，群众即举报其公开募集文件含有重大虚假内容。中国证监会随即做出暂缓上市的决定，并展开立案调查。如果实施了预披露制度，群众举报的时间会大大提前，该案对市场的影响也要小很多。

最后，新《证券法》明确控股股东诚信义务。上市公司是资本市场的基石，新《证券法》增加了上市公司控股股东或实际控制人以及高管人员诚信义务的规定和法律责任，对欺诈发行有明显的制约作用。"新法"第六十九条规定：发行人、上市公司公告的招股说明书、公司债券募集办法、财务会计报告、上市报告文件、年度报告、中期报告、临时报告以及其他信息披露资料，有虚假记载、误导性陈述或者重大遗漏，致使投资者在证券交易中遭受损失的，发行人、上市公司应当承担赔偿责任；发行人、上市公司的董事、监事、高级管理人员和其他直接责任人员以及保荐人、承销的证券公司，应当与发行人、上市公司承担连带赔偿责任，但是能够证明自己没有过错的除外；发行人、上市公司的控股股东、实际控制人有过错的，应当与发行人、上市公司承担连带赔偿责任。

第四节　加强和完善股票市场诚信建设的对策

在什托姆普卡诚信理论关于信任文化社会生成的模型中，产生和维持信任文化有两类实践方法：一类是针对与行动的结构和制度环境相关因素的制度调整；另一类是针对在上述结构和制度环境中发挥作用的行动者的信任教育。

在调整制度方面，主要针对与行动的结构和制度环境相关因素：①为增强规范的一致性，政策影响的核心工具是立法；法律必须变成整个社会组织的一致性和稳定性的牢固基础，一旦法律接近这种理想，那么它就会向其他非法律形式的规范规则——道德的和风俗的——施加影响，提供一种可采用的模式。②为增强社会秩序的稳定性的感觉，政策的一致性和不可更改性必须被确保。③为提供社会组织的透明度，必须使政府的行动尽可能地开放和透明，为此，一个有效率的媒体政策必须被设计出来并贯彻实施。④为给予人们对于周围生活世界熟悉和亲密的感觉，也许最重要的因素是那些与公民的日常接触的代表公共机构的人，当他们展现专业水准、严肃性、能力、信任、关心他人和乐于助人时，他们的举止可能使人的信任散发出来。⑤为增强责任性，最重要的任务是巩固民主制度，宪法不可更改的原则必须准确地界定社会组织和政治组织的基础，法律的实施对所有公民必须是平等的，法律的强制和公民的权利、义务必须是严格的，必须不能允许例外。

企图塑造行动者与信任和可信性相关的个人素质的制度性措施最重要的在于教育的支持。在信任教育方面，主要针对在上述结构和制度环境中发挥作用的行动者：①在一般意义上，提高公众的启蒙水平（实际知识）和道德敏感性；只有有相当水平的教育才能避免天真的、盲目的信任和强迫的、偏执狂的不信任的缺陷。②在健康的、紧密的和亲近的家庭生活中存在隐含的教育。③学校中必须直接地强调信任。④必须努力在人们的意识和想象中把信任与其他有用的道德资源联系起来。⑤必须开放对信任和不信任的论题以及它们当前例证的直接讨论或通过大众媒体的公众讨论。⑥在通过规则来进行信任教育的同时，还要通过日常的经验来进行信任教育。信任必须通过被奖赏来表明是值得的，而背叛信任必须通过被惩罚来证明是要付出代价的。作为最终有益的行为习惯的信任的工具性价值必须被证明。信任必须与自我利益联系在一起。相反，社会控制机构——正式的和非正式的——必须保证背叛信任将被谴责，而不只是没有好处。

在加强和完善中国股票市场诚信建设上，什托姆普卡诚信理论关于产生和维持信任文化的两类实践方法制度调整和信任教育具有非常重要的实用价值。

我国证券市场的市场化程度远低于我国经济的整体市场化水平。尤其是在基础性法律制度建设相对落后的背景下，政府监管成为最主要的证券市场监管手段，行政权力成为证券市场秩序的主宰。随着市场化和法治化进程发展，政府监管理念及手段都有必要适当调整。必须建立完善的证券市场参与者失信发现机制、建立失信者信用记录档案，并对失信者实施严惩，让失信者的失信得不偿失，以至于身败名裂、倾家荡产、银铛入狱。这样才能有效地维护市场的公平和效率，才能促进社会信任文化的生成和维持。

第七章　完善股票发行监管制度对中国资本市场发展的意义

第一节　资本市场之于国家意义

一、资本市场理论概述[①]

资本市场是金融市场的重要组成部分，作为与货币市场相对应的概念，资本市场着眼于从较长期限上对融资活动进行划分，它通常指的是由期限在 1 年以上的各种融资活动组成的市场。资本市场提供一种有效地将资金从储蓄者手中转移到投资者手中的市场机制。在西方发达资本主义国家，资本市场的交易几乎已经覆盖了全部金融市场。

从宏观上来分，资本市场可以分为储蓄市场、股票市场（又可分为发行市场与交易市场）、长期信贷市场、保险市场、融资租赁市场、债券市场、其他金融衍生品种市场等。其中股票市场与债券市场又形成了资本市场的核心。资本市场作为金融市场最重要的组成部分在现代经济当中发挥着不可替代的作用。

二、资本市场能够有效地行使资源配置功能

1. 资本市场的首要功能就是资源配置

一个国家的经济结构一般由四个部门组成，即企业、政府、家庭和国外部门。家庭部门一般来说是收支盈余部门，企业和政府一般是收支差额部门。盈余部门一般要将其剩余资金进行储蓄，而收支差额部门要向盈余部门举债，收支盈余部

---

① 周正庆主编：《证券知识读本》，中国金融出版社，2000 年。

门将其剩余资金转移到收支差额部门之中去。[①] 在现代社会中，要完成这种转化，曾经有过两种基本的资源配置方式：由计划经济性质决定的中央计划配置方式和由市场经济决定的资本市场配置方式。在发达市场经济中，资本市场是长期资金的主要配置形式，并且实践证明其效率是比较高的。

2. 资本市场还起到资本资产风险定价的功能

资本资产风险定价功能是资本市场最重要的功能之一，资本市场也正是在这一功能的基础上来指导增量资本资源的积累与存量资本资源的调整。风险定价具体是指对风险资产的价格确定，它所反映的是资本资产所带来的预期收益与风险之间的一种函数关系，这正是现代资本市场理论的核心问题。资本市场的风险定价功能在资本资源的积累和配置过程中都发挥着重要作用。

3. 资本市场还为资本资产的流动提供服务

资本市场的另外一个功能就是提供资本资产的流动性功能。投资者在资本市场购买了金融工具以后，在一定条件下也可以出售其所持有的金融工具，这种出售的可能性或便利性，称为资本市场的流动性功能。流动性越高的资本市场，投资者的积极性就越高。流动性的高低，往往成为检验资本市场效率高低的一项重要指标。

金融最核心的功能是配置资源、分散风险，从而使得经济体系、金融体系处在一个安全的状态。当然，只有强大的资本市场才可以为全社会的经济体系提供一种风险配置的机制来分散全社会的风险。这样，金融体系才会处在一种有效率的安全状态。

三、资本市场对国家复兴的意义

1. 股票市场和经济增长的正相关关系

股票市场是资本市场的主要组成部分，已经存在 300 多年。外国经济学家开始广泛关注股票市场与经济增长之间关系的研究兴起于 20 世纪 90 年代前后。以美国的帕加罗（Pagano）、格利和肖（Gurley 和 Shaw）、阿替勒和约凡诺维克（Atie 和 Jovanovie）、肯特和利文、佐夫、博伊德和斯密（Kunt 和 Smith）等为主的一些经济学家通过对不同发展水平国家的金融结构和经济增长关系的研究发现，

---

① 雷蒙得·戈德史密斯：《金融结构与金融发展》，上海三联书店、上海人民出版社，1969 年。

股票市场的发达程度与一国经济增长有着密切关系，他们认为股票市场与经济增长正相关并且能显著促进经济增长。

实际上，西方有关股票市场功能的研究文献很多都是与经济增长相联系的。罗斯·勒文（Ross Levine，1991）提出了关于股票市场的流动性与风险模型，即一个流动性更强的股票市场，使投资者更容易地交易股权，从而可以降低投资者对于长期性投资项目投资的抵触情绪。因为股权投资者在公司项目投产到期前收回其投资，可以将所持股权通过股票市场迅速变现。① 其基本逻辑是股票市场可以增强流动性，引导对长期高回报项目的投资，从而促进经济增长。

股票市场使高回报、高风险的证券得以流动，使投资者能够分享开创性投资项目的价值。这可以说是现代金融发展的一个新贡献。② 虽然对股票市场的功能有争论，但对经济增长具有促进作用则是没有疑问的。归纳起来，对于经济增长而言，股票市场的功能主要表现在其提供四个方面的服务：提供流动性、分散风险、改善公司治理和动员社会资本。

（1）提供流动性功能。一个流动性强的股票市场可以解决长期性的盈利性的项目的融资需求，从而促进经济中长期增长。③ 一般地，高回报的中长期投资项目需要长期的资本投入，而投资者并不愿意将其资本投入较长期限的领域。商业银行通常也只对中短期的项目提供贷款，商业银行的长期储蓄或长期债务也要求较高的风险溢价。这样，一个提供流动性的股票市场就弥补了银行系统的局限，投资者可以持有股票这种随时可变现的流动性资产，而成长性企业则可以持久地运用发行股票筹集的资本。

（2）分散风险功能。圣·保罗（Saint Paul，1992）、德瑞克斯和史密斯（Devereux 和 Smith，1994）、奥布斯菲德（Obstfeld，1994）等许多学者都认为，股票市场可以提供一种分散风险的工具。这种分散风险的机制能够使社会资本流向高回报的项目。虽然高回报的项目可能具有更高的风险，但具有流动性的股票市场可以使特定的风险被分散掉，从而可以让投资者大胆地投资于高回报、高风险的项目。

（3）改善公司治理功能。詹森和穆菲（Jensen 和 Murphy，1990）、戴梦德和

---

① 变现，对于投资者来说，是一种正常行为或者市场权利，但多少带有一种投机的成分。如果持有股票是一种比较长期的行为，这样的股东就属于战略投资者。对于成熟的股票市场，战略投资者是促进市场稳定和经济增长的重要力量。

② 李量：《现代金融结构导论》，经济科学出版社，2001年。

③ 当然，对于股票市场能否真正促进经济增长，亦存在争论。有人提出的反驳意见是，从经典理论来看，股票市场的流动性是降低储蓄率的，从而不利于经济增长。

维拉切尔（Diamond 和 Verracchia，1992）均认为，有效的股票市场可以减弱所谓"委托人—代理人问题"（principal-agent issue）。股票市场能够使经理人的表现和报酬与股票市场比较直接地联系在一起。投资者（所有者）与经营者之间的矛盾可以缓解，从而使得所有权与经营权相互分离或者称为"经理革命"的优越性能够延续。

（4）动员社会资本功能。一个规模大、流动性强和有效的股票市场可以使社会资本动员变得非常容易，对于规模经济和风险投资尤其具有促进作用。股票市场的这种功能获得了很多学者的支持。比如格林伍德（Greenwood，1996）和史密斯（Smith，1996）都认为，规模巨大的股票市场可以降低动员社会储蓄的成本，从而将社会资本引入技术创新和长期投资方面。

2. 资本市场增加国家竞争力

从国际经验看，任何一个大国的崛起，无一不是首先以经济体制的优势为先导。面积狭小的荷兰，率先建立了资本主义制度，一跃成为当时的世界海上霸主；最早进行产业革命的英国，成就了此后近 200 年的帝国梦想；而在美国崛起的过程中，始终可以看到资本市场在其中发挥的巨大作用。100 年前，当蒸蒸日上的新兴帝国美国试图超越"日不落帝国"英国时，欧洲充斥着"美国威胁论"，以英国为首的欧洲各国对其实施遏制的战略。而依托于一个日益强大的资本市场的美国经济，具有强大的制度优势，以一日千里的速度向前发展，最终在第一次世界大战前后成功地超越了欧洲列强，成为迄今仍然无可匹敌的超级大国。

亚当·斯密在 1776 年提出了"看不见的手"的概念，为自由市场经济提供了朴素而深刻的理论基础。而资本市场的出现将这一概念大大地深化和拓展了，从此，人们不再是只能在有形的市场交换商品，他们也可以在资本市场这个无形的平台上投资和交易，而现代企业则从资本市场上汲取它们发展所需要的营养，逐渐壮大和成熟。借助这个市场，人类社会在更广阔的范围内实现了更高的资源配置效率。在全球竞争日益激烈的今天，金融体系资源配置的效率对一个国家的核心竞争力有重大的影响。

历史经验表明，以华尔街为代表的美国资本市场依托于美国的实体经济，而美国的实体经济同样也离不开华尔街，两者的良性互动创造出了经济史上的奇迹。比如微软、英特尔、IBM、谷歌等著名公司无不是脱胎于资本市场，通过资本市场而发展壮大为行业巨子、世界先锋的。根据 2004 年美联储数据，美国资本市场中的股市市值达到 17.2 万亿美元，占美国 GDP（12 万亿美元）的 143％；美国债市市值达到 36.9 万亿美元，占美国 GDP 的 308％，两者的总规模已远远超过美国的实体经济。

3. 资本市场是当今世界高科技经济发展的发动机

第二次世界大战之后，美国、欧洲和日本都经历了战后经济恢复性高速增长，这是由于战争时代被严重抑制的民用需求得以释放，拉动了以初级消费为主的经济成长。但是在经历了 20 世纪二三十年代的粗犷式发展之后，从 20 世纪 70 年代开始，这些西方发达国家不约而同地都出现了停滞不前的情况，这很大程度上是因为初级消费拉动的经济增长进入了饱和期。时至今日，欧洲国家和日本至今未能完全走出低增长的困境。

美国则依靠资本市场的推动成功地实现了经济转型，一轮又一轮的高科技浪潮帮助美国经济成功地实现了产业升级。过去的 30 年中，在世界范围内几乎所有的高科技产业都无一例外地从美国本土兴起。今天，美国仍然引导全球高科技产业的发展，而其他国家包括很多发达国家都只是在跟踪或模仿美国而没有自主创新的能力。为什么如此众多的高科技产业是在美国兴起？它的发现机制和创新机制是什么？为什么美国的高科技公司如微软、雅虎等能够迅速地在全球占到领先位置？除了技术优势，其迅速扩张的资本从哪里来？我们探究这些问题时，会发现问题的答案都离不开资本市场。

美国得以在近几十年里，在包括高科技产业等经济领域内保持巨大的优势，是依靠一个以资本市场为核心的技术与资本相结合的强大机制。与其说美国的高科技产业是美国经济持续增长的原因，不如说美国的高科技产业是美国资本市场有效运行的结果。以硅谷和华尔街为代表，美国形成了以科技产业、风险投资和资本市场联动的一整套发现和筛选机制。从 1971 年英特尔公司、1980 年苹果公司到 1986 年微软和甲骨文公司上市，奠定了美国计算机行业在全世界的垄断地位；1990 年思科公司和 1996 年朗讯公司的上市推动了美国通信行业迅猛发展；1996 年时代华纳公司、1996 年的雅虎公司、1997 年的亚马逊公司和 2004 年谷歌公司的上市使得美国成为网络科技行业当仁不让的"超级弄潮儿"。这样的例子在半导体、生物制药等其他高科技行业中也比比皆是。

将资本市场和科技进步高度有效地结合，营造出一个强大的创新机制，这个机制便是美国经济和科技产业始终保持领先的根本原因。它创造出了"硅谷"这样的神话；它不断地发现和推动一轮又一轮的高科技浪潮，给美国经济带来了革命性的深刻变化；实现了美国从传统经济向新经济的转型，推动着美国科技的飞速发展，使美国在具有战略意义的科技领域里始终保持着领先位置；使其在新世纪大国博弈中占据了战略制高点。

4. 资本市场对于我国的特殊意义

经过多年的发展，我国资本市场取得了举世瞩目的巨大成绩，成长为全世界最大的新兴市场。但是，与支撑中国经济起飞的战略目标相比仍然有很大差距，尤其是把中国资本市场放在全球竞争和大国博弈的背景下，挑战则更为严峻。例如，2006 年初，我们的流通市值仅约 1 万亿元人民币，而美国的资本市场仅通用电气一家上市公司的市值就有 3 万亿元人民币。与此同时，大量优质的中国公司到国际资本市场融资而国内大量金融资本严重浪费，对中国资本市场的国际竞争力提出了严峻的挑战。

中国资本市场是一个典型的"新兴＋转轨"市场，无论是从市场规模、上市公司质量、投资者理念，还是从监管水准、法规建设等方面来看，都存在许多不规范之处，都处于向逐步成熟不断迈进的过程中。对于正在崛起的经济大国而言，资本市场的发展目标首先是要成为"为经济发展需要而配置资本"的有效场所，但现实的情况是居民储蓄存款不断增长，社会资金充沛，而大量的国内企业纷纷赴海外市场上市筹资，这表明国内资本市场目前还没有发展成为配置社会资本的有效场所。资本市场发展的另一个目标是要为上市公司、投资者和中介机构等所有的市场参与者创造价值，形成市场发展的正向激励效应，但我国目前资本市场被弄得声名狼藉，不能起到经济发展润滑剂的作用。

中国的经济发展将为一个潜在的、巨大的本土资本市场的发展提供坚实的基础，而中华民族的伟大复兴也期待着强大的资本市场的推动和支持。坚定不移地推动我国资本市场的发展，为中国经济的崛起提供可持续发展的动力是时代赋予的要求。对中国这样正在崛起并追赶发达国家的大国来说，资本市场的建设应是基本国策，必须放在国家战略的高度来看待。

历史反复证明，资本的流向先导于一个国家的经济起飞，而一个国家要真正崛起，在很大程度上决定于其金融体系的效率和资本市场的发达程度。今天，站在起飞跑道上的中国，如何借鉴近百年的世界博弈史，把握机遇，迅速建立起一个强大、高效的资本市场，为中国的经济起飞提供可持续的动力，是我们现阶段最重要的任务之一。如何创造一个这样的机制：能够支撑中国经济在未来几十年的持续增长，能够不断地发现并推动新的经济增长点，并引导中国经济不断向高附加值的产业升级，是一个迫在眉睫的问题。比较和借鉴世界各国的经验和教训，我们必须把资本市场的发展放到加速中华民族伟大复兴这样的战略高度来认识。

世界银行（1999）指出，金融对每一个人和每一家企业都是重要的，良好的金融体系对整个经济的运转来说也是至关重要的。如果说金融是一个经济的神经，那么金融体系就是其大脑。它们做出的决策影响资金流向，并且确保资金到位后以一种最为有效的方式得到使用。① 金融在经济发展中承担着越来越重要的角色。世界银行在 2001 年出版的《金融与增长》报告中指出：经济增长和消除贫困取决于一国金融体系的有效运行。正如邓小平同志所说："金融很重要，是现代经济的核心。金融搞好了，一着棋活，全盘皆活。"

党的十六届三中全会②明确提出要树立科学的发展观。胡锦涛总书记在中央经济工作会议上提出，贯彻 2004 年经济工作的总体要求，重要的是牢固确立和认真落实以人为本和全面、协调、可持续的发展观。科学发展观的实质就是要实现经济社会更快、更好的发展，发展观的第一要义就是发展，具体到资本市场的发展问题上，这也正是当前资本市场要"以发展为第一要务"的理论根源。坚持科学发展观的根本着眼点，就是要用新的发展思路实现更快更好的发展。

2004 年 2 月，国务院又发布了《关于推进资本市场改革开放和稳定发展的若干意见》，明确指出资本市场的发展：一是有利于完善社会主义市场经济体制，更大程度地发挥资本市场优化资源配置的功能，将社会资金有效转化为长期投资；二是有利于国有经济的结构调整和战略性改组，加快非国有经济发展；三是有利于提高直接融资比例，完善金融市场结构，提高金融市场效率，维护金融安全。这是自 1992 年国务院发出加强对证券市场宏观统一管理的文件 12 年之后，再一次以国务院文件形式提出资本市场改革和发展的指导意见。这是党中央、国务院根据我国经济体制改革和金融市场协调发展的需要做出的重大战略部署，为我国资本市场的发展指明了方向。

第二节　我国资本市场安全性需提高

一、在金融逐步开放背景下要强化资本市场安全意识

改革开放以来，我国经济取得了高速增长，1979～2005 年，中国的年均 GDP

---

① 世界银行：《1998～1999 年世界发展报告》，中国财经出版社，1999 年。
② 新华网 2003 年 10 月 14 日。

增长率超过了 9%；2005 年底，中国商业银行存款的余额超过 28 万亿元人民币，居民存款的余额是 14.1 万亿元人民币，GDP 是 18.2 万亿元人民币，在全球的排名已进入了前 5 位。

但我国资本市场的发展显然与我国经济发展不相匹配。首先是整体规模偏小；其次是，我们制度性的基础设施严重缺失。截至 2006 年 6 月，我国证券市场的总市值约为 3.5 万亿元人民币，美国是 16 万亿美元，我国流通市值只有约 1 万亿元人民币。按 2005 年底国内上市公司总市值的排名，沪深两家合并在全世界排名第 21 位，且排名在不断下滑。最好的时候，我们曾达到第 14 位。

2006 年初，我国在海外上市的公司，股票流通市值已超过 3 万亿元人民币，远远超过我们国内的市值。2007 年中国香港的 IPO 融资里面，80% 是内地的上市公司，且中国香港交易最活跃的 10 大公司里面，有 6 家是内地的。

由于种种原因，我国资本市场还处在艰难的转折期，尚未建立一个健全的以法制、诚信秩序为基础的有效市场，整个资本市场依然是小而弱。政府对市场的过度管制和广泛的直接控制，制约了资本市场的定价能力，不能有效地配置社会资源，严重制约了资本市场的健康发展。

随着我国资本市场开放进程的加速，国内金融行业所面临的竞争环境将更加严峻，国际化、规范化、市场化趋势对由政府重点监控发展的资本市场提出了新的紧迫的要求。

资本市场开放后，外资金融机构必然会对中国的金融机构形成一种竞争压力。这种压力会促进中国金融机构加速改革，变压力为动力，提高工作效率和管理水平，最终使中国金融业走向现代化和国际化。但必须承认中国的金融机构目前尚不具备与外资金融机构竞争的能力。因此，在短期内，外资金融机构的大量进入肯定会给中国金融机构造成更多的困难，增加它们的不安全感，使整个金融业的利益格局和结构发生重组，这就必然会带来更多的震荡，对经济运行产生冲击。

作为影响资本市场的主要行业——证券业羽翼尚未丰满，而国际资本对国内证券市场觊觎已久，目前可以通过中外合资的投资基金和保险公司等各种间接途径进入国内证券市场，其触角业已伸入国内证券领域。目前国外大型券商大都在中国设立了代表处，积极研究和筹备中国证券业务的开展，有些更是通过与国内券商合资进入了投行领域，为相当数量的国内企业走向国际资本市场提供服务，如建行与摩根斯坦利合资的中金公司以及目前正在筹备的多家金融机构与外资券商的合作等。待资本市场完全开放后，国外券商必将借此跳板长驱直入，国内大型券商目前相对垄断的市场地位将受到严峻挑战。

各国经验表明，资本市场开放过程中，金融安全的保障在于能否稳妥、渐进、有序地推进开放。从我国资本市场开放的道路和选择来看，必须加强资本市场基础设施建设，包括会计标准、信息披露要求、交易机制及结算系统等。加强资本市场基础设施建设，既是资本市场自身发展和完善的内在要求，同时也是使资本市场开放顺利进行的必要前提。

资本市场监管部门必须要改变落后的金融监管理念，加快资本市场的的改革和发展，提高金融监管机构监管水平，进行制度创新，加速我国资本市场的发展壮大，迎接日益激烈的国际竞争，保护国家的资本市场安全。

二、我国资本市场系统性风险高

资本市场安全是对应于危机而存在的一种均衡状态，它是建立在有效的监管体系、稳健的机构运行体系和规范的运行秩序基础上的稳定而有活力的状态。可以表现为资本品产品价格、市场主体的运营状况以及监管效率，其特征则是资本市场的稳定性、有效性和流动性。

资本市场安全的决定因素有外部因素和内部因素。就外部因素而言，一方面，由于资本市场存在于实质经济基础之上，宏观经济的增长与结构、经济政策以及货币市场等因素的变化，显然会作用于资本市场；另一方面，如果资本市场是开放的，那么其他市场的外来冲击和汇率波动会对资本市场的安全性产生影响。资本市场金融安全的内部因素具有技术（市场）和制度的两重性。由于不完全信息、有限理性以及金融风险的外部性，使得资本市场与银行业等其他金融市场一样，具有内在不稳定性和脆弱性。这种内生的不安全性，除了被归结为以上原因外，另一个重要的解释则是风险的不可根除性，即金融体系在面临不确定性时，无法在技术上对金融风险进行完全控制。

除此之外，资本市场安全具有制度决定性，资本市场的制度安排和制度变迁深刻影响着资本市场的安全状态及其变化。金融发展史表明，金融制度演进往往带来金融风险的变化，特别是金融制度的重大变迁则与金融危机紧密相连。中国资本市场金融安全更为重要的决定因素则是制度因素，其原因在于中国经济的根本特征是转轨经济，有别于市场经济。转轨经济的制度特点是不完善的制度安排和不断推进的制度变迁。转轨过程中，在两种制度的冲突以及政府和市场两种力量的相互作用下，中国资本市场金融安全具有与市场经济迥异的生成机理，其风险本身可能就是制度性的。因此，用市场性的或技术性的方法，可能难以解释中国资本市场的金融安全状况。在制度缺陷和制度变迁的背景下，对中国资本市场金融安全的制度分析可能更加具有说服力。

由于种种原因，我国资本市场主力的股票市场系统性风险还很高。我国股市存在制度风险，这是由于我国资本市场中存在制度缺陷，表现为市场行政化，市场机制缺失、监管制度缺陷和制度体系的欠完备性。其根源是我国股票市场在转轨经济条件下的政府主导型强制性制度变迁。新旧制度的冲突、计划与市场的作用，使得隐性的政府担保和制度行政化成为制度性风险形成的源泉。在过度投机、资金推动型股市，融资制度缺陷以及缺乏风险对冲机制的条件下，我国可能的股票市场危机具有内生机理。危机的过程可以表现为：由于作为抵押品的资本品（股票）的价格下跌，从而导致债务关系中断和抵押品的强制出售，最终诱发金融危机。同时，由于入市资金的"灰色性"，大量资金来源于非法入市的银行贷款，因而股票市场的危机可以迅速传递到银行业，危及整个金融体系的安全。①

有效的监管既是金融安全的重要保证，也是金融安全的重要标志。事实上，金融监管正是政府应对危机的产物，金融监管的制度变迁史就是金融危机的历史。我国资本市场的监管制度的变迁一直处于"发展与规范"和"计划与市场"的冲突之中，同时还必须面临市场相当普遍的不规范行为以及受到市场发育、国有企业改革、监管理念和技术手段等多种条件的制约。我国股票市场发行主体的监管制度主要包括信息披露制度和关联交易的监管制度。尽管其尚存在一定的制度缺陷，其实施效果难以令人满意，但是制度体系仍得到不断完善，其作用也愈来愈显现出来。

第三节　优化股票发行监管制度，促进资本市场发展

一、促进资本市场效率提高

1. 有效市场概述

效率是经济学的核心命题，资本市场效率也是资本市场理论的一个核心问题。

---

① 所幸的是，虽然过去几年，我国股票市值下跌很多，但由于股票市场在整个金融体系中的比重并不是很大，虽然对金融体系造成一定影响，但不涉及根本，更多地加重了社会矛盾，因为亏损最多的还是中小投资者，加深了中小投资者对监管部门的不信任。

研究资本市场效率，对于正确认识和客观评价中国资本市场、制定正确的市场监管政策、强化资本市场的功能具有重要意义。

资本市场效率是指资本市场实现金融资源优化配置功能的程度。具体来说，包括两方面：一是市场以最低交易成本为资金需求者提供金融资源的能力；二是市场的资金需求者使用金融资源向社会提供有效产出的能力。高效率的资本市场，应是将有限的金融资源配置到效益最好的企业及行业，进而创造最大产出，实现社会福利最大化的市场。

有效市场假说突出了信息在证券价格形成和波动中的作用。现实资本市场上可获得信息的完备程度有高有低，与此相对应，市场的定价效率也有高低之分。1970 年，法玛（Fama）关于 EMH 的一篇经典论文《有效资本市场：理论和实证研究回顾》不仅对过去有关 EMH 的研究作了系统的总结，还提出了研究 EMH 的一个完整的理论框架。法玛论证了不同的信息对证券价格具有不同的影响程度，并因此按证券市场定价效率将市场分为三类，即弱型市场、半强型有效市场和强型有效市场。"有效市场假说"最大的理论价值在于它为判断资本市场的金融资源配置效率提供了一种方法或标准。金融资源有效配置的关键，要看社会经济生活中是否具备一个有效的资本市场定价机制及在其作用下金融产品价格能否准确反映金融资源的稀缺程度。如果金融资源配置是有效的，那么，各种金融产品的价格就应当正确地反映其内在投资价值，并使各交易者的边际投资收益率趋于一致，超额利润现象得以消除。相反，如果金融产品价格对各种信息，包括过去、现在和预期信息反应滞后就意味着信息传播的低效率和金融交易者对信息反应的迟钝，这种情况下的金融资源配置必然是低效率的。

"有效市场假说"认为，若资本市场在价格形成中能够充分而准确地反映全部相关信息，则该市场就是有效率的。显然，按照"有效市场假说"，资本市场效率取决于市场的定价效率，两者可以画等号。应该说，在完全资本市场条件下，这两者确实具有高度的一致性。一个有效率的资本市场，通过合理、准确的价格机制"指示器"作用的发挥，是可以实现金融资源的优化配置的。

2. 中国特殊背景下的市场有效性评价

如前几章所述，我国股票市场是在特定时期产生的，是自上而下产生的，并不是市场自身发展起来的，带有浓厚的行政色彩，"政策市"明显。由于上市主体的不规范、监管主体的随意性，信息披露、公司治理等都处于很低的水平。公司上市一直处于严格控制之中，人为地影响了市场的正常供求关系，没有合理的退市制度，造成了上市公司的价格无法合理拉开。市场上庄家横行，人为操纵股价严重，使很多公司股价严重偏离了基本面。股票市场的定价能力太弱，定价产生两种扭曲：一是总水平扭曲，就是长期以来我们股价总水平偏高；二是结构性扭曲，一些垃圾股票股价也很高。市场最主要的一个功能就是价值发现，没有很好的定价功能就不能实现优胜劣汰。不能实现资源的有效配置，就会导致社会财富的浪费，导致资源的配置不当。

证券市场的有效性应集中体现于：证券市场与国民经济运行保持一致性，即证券市场在国民经济运行和发展中能够真正起到应有的促进作用。因为证券市场的产生和发展以及功能和作用，只有在国民经济运行和发展这一大背景下，才能得出正确的解释和评价。另外还应该看到，证券市场的有效性在证券市场处于不同的发展阶段和经济环境下，又有着不同的具体内涵和侧重点。

单纯从股价反映股票本身价值的狭义角度考虑，我国股票市场开始基本是无效的。因为严格意义上讲，它徒有资本市场之名，实际上并没有资本市场有效运行所需要的环境和各种条件，只是某些特定群体的提款机，有人戏称"国企吃光了财政吃银行，吃穷了银行吃股民"。虽然现在情况有所好转，但离真正的有效市场还相差甚远。当然，从另一角度讲，股票市场在国有企业改革和发展中有着不可替代的作用，如促进国有企业产权结构和内部治理结构的转变，在一定程度上提高了资源配置效率等。但在解决国企问题方面上取得的这些成就难以掩盖我国资本市场发展历程的失误甚至失败，而严重制约了资本市场正常发展的步伐，制约了资本市场筹集社会资金，未达到配置社会资源的本来目的，也给广大投资者特别是中小投资者留下了深深的伤痕。

股票市场有效性理论对发展我国股票市场具有重大的借鉴作用，它对股票市场的设立者、监管者和不同的投资者都有着重要的指导意义。特别是在我国股票市场各方面仍不完善的时期，研究股票市场有效性理论有利于我们在发展股票市场的过程中少走一些弯路，使股票市场这个市场经济的中枢在我国市场经济建设中发挥最大作用，促进我国市场经济的发展与完善。

3. 改革发行监管制度、提高资本市场效率

多年来，国内上市融资的大都是质地一般的企业，优秀大企业大都到海外市场上市，并成为境外市场的大蓝筹股，既支撑了境外市场，也增加了境外投资者的投资兴趣。近年，大的国有银行和有相当规模的股份制银行，也首选在境外上市，受那些国际大投资银行的左右，引进的是境外的战略投资者，国内投资者没

有投资机会。据不完全统计，截至 2005 年底，中国内地共有 300 多家企业在中国香港、美国、伦敦、新加坡交易所上市，总市值超过 4000 亿美元，是国内上海、深圳两个市场市值的二倍半。[①] 这就无形中把国内的股市变成了次级市场，不仅无法提高国内市场的直接融资比例，还降低了市场的投资功能。

造成这种情况固然有企业的原因，但我们的上市手续和程序的繁杂，诸多辅导、审计、评估、法律咨询等的改制成本太大，同时孕育着许多不确定性，使市场缺乏竞争力。长期以来，我国股票市场欠缺稳定的绩优股，更没有形成支撑市场和吸引投资者的大蓝筹股概念，一直受"政策市"、"消息市"的困扰。因此，应当研究如何运用好海外和国内两个市场，在继续做好海外上市工作的同时，稳步发展构造和培育国内 A 股市场的大蓝筹股，提高市场的直接融资功能，提高国内投资者的投资兴趣，并增加市场的流动性。

一个有效的资本市场的基本条件是市场要有足够的透明度。股票发行监管作为上市公司供给的重要一关，如果不能通过科学的程序和制度提供规范、优质、遵守市场规则的上市公司，不能提供一个有效的股票发行定价体系，那么股票发行监管就失去了其本来目的，从而使股票市场从源头上出现了问题，加大了二级市场纠错的成本，极大地制约了资本市场配置资源的效率。

企业上市过程中，信息披露要全面、规范，公司治理要强化。对上市公司来讲，至少不能造假，不能隐瞒重要信息，要让投资者作为一个知情的投资者，这个非常重要，这样才能保证市场的公平，才能吸引投资者，优化社会资源配置。

二、促进资本市场可持续发展

1. 改革股票发行监管制度，促进制度创新

一提起工业革命，人们往往首先想到的是技术上的革新，如 1762 年发明的珍妮纺纱机和 1787 年问世的瓦特蒸汽机，却总是忽略在其之前或伴随其中的制度变迁。举例说，1624 年英国诞生了她的第一部专利法——《独占法》，并在此基础上逐渐形成了一套鼓励技术创新、提高私人创新收益率且使之接近社会收益率的系统激励机制。虽说商业法和商业法庭早在中世纪就已经存在，但其积极作用却因为任意判决和歧视外国人（这使得人们无法对商业纠纷的裁决进行准确的预测）而大受损害。然而意味深长的是，到了 18 世纪中后期，伦敦皇家法院已在保险、

---

① 陈耀先：《尽快划转部分国有股充实社保基金》，《中国证券报》2006 年 3 月 9 日。

汇票、包租船只、销售合同、合伙协议、专利以及其他商业交易方面积累起足够的经验。英国法院审慎地和公正地对待外国的诉讼当事人，各种商业信用变得更为可靠和可预测，为英国赢得了国际声誉。[1] 这一切的关键之点，乃是排他性财产权原则使得外部性减弱、不确定性降低、交易成本变小。它们在时间上与工业革命相吻合——或略微超前或恰好同步，所证实的正是工业革命发生在英国绝非偶然。是当时相对完善和合理的制度的确立，而不是什么别的东西，在英国诱发了工业革命。[2]

我国股票市场面临着特殊的制度风险，其产生于行政化的股市运行机制，根源于政府对股市的隐性担保。股市"政府隐性担保"的根源是随着改革的深入而产生的。当时，财政、国有银行对国企的资金支持难以为继，于是政府设立股票市场动员金融资源为经济的快速发展特别是为国企改革提供资本支持。而股市是市场经济高度发达的产物，其客观基础是经济主体的产权约束和市场信用规则，这是在当时计划经济占主导地位的经济中所缺乏的。在这种情况下政府实行了强制性制度变迁，以行政化运行机制来替代市场机制，以赶超战略来建立发展我国股市。主要是政府通过指标与审批制来选择上市公司，建立上市公司的行政化激励约束机制，通过政府管制来维护股市的平稳运行并保护股民利益。这种机制的前提是政府投入国家信用为股市作隐性担保，这种担保并没有采用明确的契约形式，而是体现在"为国企改革筹资"的股市功能定位、政府控制型发展模式、对市场的行政化控制等方面，这是以对市场主体的权利侵害为基础。作为补偿，只能以国家对市场利益主体尤其是对投资者利益担保为实现条件，表现为一种政府对市场的"控制均衡"。

政府提供隐性担保还有一个重要原因。上市国企仍承袭着由计划体制而来的"政策性负担"，还需保持国有资产代理人利益偏好。所以政府须保持着对上市国企的控制，这里笔者基本同意一种对"诺斯悖论"的解释，即政府在面临着使统治集团租金最大化的所有权结构与降低交易费用和促进经济增长的双重矛盾时，作为理性经济人，它必然在直接收益与间接收益之间寻求一种平衡，从而使垄断规模停留在某个边际，实现两种目的或收益的"边际均衡"。政府对源于"政策性负担"、政府对企业控制造成的亏损负有责任，政府对股市提供隐性担保在所难

---

[1] 罗森堡、小伯泽尔：《西方致富之路》，三联书店，1989年。

[2] 张宇燕：《个人理性与"制度悖论"——对国家兴衰或经济荣败的尝试性探究》，《经济研究》1992年第11期

免。但我们必须看到，行政化的上市公司选择机制成为股市风险的起源，行政化的激励与约束机制累积了风险，而对投资者、股市的保护与控制扩散了风险。股市制度风险通过市场风险可能引致股市萧条。

转型国家经济的增长和社会的发展，最重要的因素包括三个方面：即宏观经济稳定、稳定的政策环境、有效的政府，但更为重要的是持续发展取决于制度的变革和创新。所以转型国家应重视制度的建设和完善。

正像 Mcmillan 在 1997 年讨论转型经济中的市场时所说的那样："市场是一种在法制和惯例的基础上运行的制度，在信息不对等的情况下，只有明确的交易准则才能保证市场的正常运行。这也就是要求市场的制度和组织能够起到传播信息并提供恰当激励的作用。"[①]

对我国这样的转轨国家，如何进行制度变迁与创新以优化资源配置、提高效率具有决定性意义。任何国家的经济制度都是一个体系，制度安排之间具有相关性，股票发行监管制度是我国制度体系中的重要一环。虽然我国效率低下的股票发行监管制度有其历史根源，但仅从经济角度分析，可说是种不成功的发行制度，亟需进行制度创新。发行监管制度的变革对于我国股票市场发展本身具有重大意义。同时，由于股票发行市场涉及面广，社会影响大及社会制度的相关性，发行监管制度的优化变革必将会对其他经济制度的变革与优化产生重要影响。

2. 促进资本市场信用发展

诺贝尔经济学奖得主约翰·希克斯（John R. Hicks）认为经济交易中最重要的是合同关系。物与物的交换、清算都是交易双方的一种约定。合同的执行对于一个国家或地区的经济发展至关重要。商人之间人格化的信用关系在一个给定的有限的区域内可能会有效率，但如果是放在一个庞大的经济体中，则信用关系必须演化到非人格化的层次，而这种演化必须以法治为前提。法治要实现第三者执法，以国家权力来保护私有财产以及合同的执行。在市场从人格化到非人格化的演变过程中，政府必须是有效的、具执行力的。这是关键中的关键。

市场经济的根本是法制经济，也是信用经济。法制外在地规范了市场经济的发展，信用内在地规范了利益主体的行为。信用危机是转型时期我国社会经济发展面临的根本性危机，信用关系的弱化从根本上动摇了我国金融产业可持续发展。

---

① 转引自保罗·G. 黑尔（Paul. G. Hare）：《转型时期的制度变迁和经济发展》，《经济社会体制比较》2004 年第 5 期。

现代金融是信用关系制度化的产物。信用是建立在通过诚实、守信、获得心理上的信任和安全感基础上的人与人之间的关系。反观我国资本市场多年的发展，监管部门经常扮演不该扮演的角色，政府政策、法律多变，难以建立投资者的信心。

资本市场有效运作的条件之一，就是通过政府严格的监管和规制，保证筹资者向投资者提供与发行证券有关的充足和真实的投资信息，包括政府政策的透明度、监管的透明度以及政策的可预期性。我国股票市场波动较大，信息披露不够规范，市场建设尚不成熟，还存在着市场导向不合理、资本运行无效率、竞争态势不明显、信用制度不发达、市场运作不规范、商业道德不健全、主体权利受制约等一系列反市场的问题。虽然这些问题并不都是由监管直接引起的，但却与监管不无关系，尤其与监管理念的不清晰有着密不可分的联系。

我国股市的风险还在于行政主导模式对市场机制的扭曲。行政控制作为一种过渡性的权宜之计，显然不是一种应当长期坚持的措施。在市场力量的调节下，股市的涨跌是再正常不过的事情。通过竞争达到的供需均衡有利于消除股市泡沫，释放市场压力和潜在风险；而在行政控制下，监管机构总觉得自己负有维持市场稳定的责任，并常常会通过额度控制来阻止股市向下调整。长此以往，就会使股市的泡沫积累起来。大家对于股市的泡沫心知肚明，但要捅破，却相当困难，既会受到各利益团体的阻挠，也会面临很大的风险。但是，不捅破，任其发展，中长期的风险更大。实际上，这么多年，是用国家信用在隐性担保股市，否则，很多上市公司早就该退市了。这至少造成了两方面的不良后果：一是不能将股市建成为效率优先的市场，不利于股市合理配置社会资源；二是由于政府的隐性担保，扰乱了市场的正常运行秩序，使股市变成了一个寻租场，甚至很多人将股市视作赌场，甚至是"连赌场都不如"（吴敬琏语）。这对广大投资者造成了巨大的负面影响，没有谁敢在这个市场中停留太久，更谈不上要和这个市场一起发展。这使资本市场的发展失去了群众基础。

由于制度缺陷、信用缺失，我国股市充满了非理性行为，包括许多中小投资者投机性十分显著。这种狂热的心态在股市发展了十几年后并没有太大的改变。李心丹（2002）对在沪深两市交易的78494位个人投资者交易行为统计表明，高、中、低三组样本的年平均交易频率分别是451、210、23次，大大超出美国的平均水平（6次），投机行为非常明确，个人投资者更倾向于从短期炒作概念和追涨杀跌中获得收益。公司基本面信息由于最初难以获得，到最后已经没有投资者关心——作为信息需求方的投资者反而对信息"不需求"，最终恶化了证券市场信息披露机制的形成和完善。而当市场上没有信息可言或可信时，价格变动完全取决于资金量的供应和证券发行规模，进一步加剧了市场的投机性，我国股市十几年的发展逐步积累了大量风险，导致股市风险处于较高水平。如果不能采取切实的措施从根本上防范、控制、化解不断积累的风险，极易将市场风险转换为政府风险，甚至诱发社会问题。

回顾1997年的亚洲金融危机，社会公众的信心动摇对局势恶化起到了极大的推波助澜作用。我国股市经过十几年的发展，让大部分中小投资者对其缺乏信心，在被监管者、实力利益集团操纵的股市中损失惨重：2001年前股市上流传着股民"七亏二平一赚"的比例，2001年后的市场大跌后，中小投资者的损失比例和程度更是惊人，股市也被逐步边缘化。如果不能逐步规范我国资本市场，增加中小投资者信心，即使短期内股票市场能够好转，但在遇到不景气的时候，投资者势必落荒而逃，恐慌性抛盘，影响资本市场的稳定与安全。

我国过去畸形的发行监管制度造就了无数虚假上市公司。[①] 虚假陈述，一股独大，随意挥霍募集资金，"一年富、二年穷、三年亏"，言而无信，企业上市过程中的信息不透明、暗箱操作、权钱交易等行为严重影响了政府和股市的信誉，也给广大投资者造成了巨大损失。

股票发行监管作为我国股票市场的重要甚至最关键的部分，牵涉面广、社会影响大，建立公平、公正、公开的发行监管制度对于资本市场信用的累积具有重大意义。股票市场也是我国信用缺失非常严重的一个市场，历史欠债太多，社会反响很坏，如果不能拨乱反正，势必继续恶化我国资本市场的信用环境。

3. 协调各个利益集团的均衡发展

无论从人类社会经济史的历史长河来看，还是从当代世界各国经济的发展经验来看，没有任何一个国家会在法律制度不健全和社会腐败横生的不公平社会格局中能够保持经济长期增长。在一定的市场初成的时期，几乎所有国家和社会都经历过一段由于法制不健全所导致的市场混乱和一些人趁机发财暴富而经济却实现了一个高速增长的"转型过程"。当代印度的腐败的制度化和一些拉美国家长期陷入经济增长疲软的困境中不能自拔，均是一些例子。

社会主义市场经济之所以是社会主义的，就在于它昭示了一种制度的文明，

---

① 在发达国家，企业上市的最基本要求是"如实披露"，即把企业最真实的情况告诉投资者。而我国，上市则需要"包装"，"包装上市"已经成为企业上市的一个必要过程，人们说起这个词的时候，好像已感觉不到它背后隐含的不良意思了，可见股市对诚信的概念已有点麻木了。

即在经济运行机制与规则中强调人文精神，其中最重要的是正义精神，其主要表达形式是经济正义和社会正义。而作为社会主义市场经济重要组成部分的证券市场同样存在对正义尤其是经济正义的追求。

任何社会理性的制度设计中，公正、合理的原则必须贯穿其中，明显地要倾向于保护投资大众的利益，制度设计必须要遵循可持续发展原则，将"经济人"与"伦理人"的理念融合统一。当然，设计制度相对简单，如何能切实落实，将纸上制度变成现实中的操作，是更高层次的要求，也是更重要的要求。

制度及规则的公正、合理实际上是制度建设的价值取向问题。我们必须承认，资本市场是一个多方利益博弈的角逐场，在这个角逐场中，由于信息不对称、资金实力悬殊等原因，中小投资者始终是处于劣势地位的弱势群体。维护中小投资者利益应该成为制度、规则制定的重要取向，也是应有之义。世界上没有哪个发达、成熟的资本市场不以保护中小投资者为第一要义的。道理很简单，各个利益群体中，中小投资者的实力最弱，是弱势群体，最需要保护。

不管是从公正还是从效率的角度考虑，改变以前对股票发行监管的理念和态度，对症下药，不断完善股市都是势在必行的。要确立长期发展的方向，建立一个竞争的、透明的股市，其市场规则对于所有人都有约束力。保护投资者，应当是由政府监管部门提供一个普适性的交易环境和交易规则，保护他们在市场中合法交易的权利，而不是将"保护投资者"口头化。只有让投资者成为真实财务报告的需求者，才能约束上市公司的行为，才能从根本上改善股市环境，促进社会的公平与和谐发展。

我国股票发行监管制度是市场经济制度体系的重要组成部分，是建设有效资本市场的一个基本保证。股票发行涉及监管者、上市公司、各类中介、各类投资者，涉及面甚广，社会影响巨大，且是在特定"新兴＋转轨"的中国特殊背景下产生的，在我国的市场经济制度体系中具有典型色彩。如果能建立有效的发行监管制度，协调好各个参与者之间的关系，平衡各方之间利益，提高市场资源配置的效率，让股市和实体经济能建立合适的互动关系，对于教育投资者、增加投资者参与市场的信心、给其他各类监管者提供有益的经验以便完善我国市场经济体系都具有深远的意义。

第八章 中国股票发行监管制度优化建议

第一节 重塑股票发行监管理念和原则

一、彻底摒弃对资本市场的工具主义态度

从我国证券市场建立开始，我国的证券监管理念一直存在一定的偏差：证券监管更多偏向于为搞活国有大中型企业服务；股票发行监管以行政审批、额度控制为主要手段；证券监管主要是监管机构对市场的直接控制。证券监管理念的偏差使得我国的证券法规或者不完善或者朝令夕改，具有很大随意性，这使得监管机关的定位、监管方式等都处于不确定状态。

如前文所述，资本市场是我国市场经济体系的重要组成部分。股票市场为我国的经济发展、国企解困与改革做出了巨大的贡献和牺牲，但同时也积累了很多问题。在经济全球化、我国资本市场面临巨大内忧外患的背景下，我们应该彻底摒弃仅仅视股票市场为融资场所的工具主义的态度，制度的设计者不能仅考虑短期利益和现时的有效性，而应关注资本市场在我国经济和社会生活中所处的重要且特殊的位置。

资本市场是配置资源最直接、最有效的市场，同时由于其涉及社会层面非常广，对于社会风气的影响、市场经济文化的构建都有特别的意义。资本市场制度的设计者要树立正确的监管理念，要站在提高国家竞争力、促进我国经济升级的战略高度去重新审视资本市场，在此理念基础上进行监管制度的优化设计是我国证券市场健康发展的基本条件，是监管工作的重中之重。

发展中国家普遍存在的问题，就是对资本市场的建设缺少长远打算。中国也是这样，我国资本市场主要是依靠经验主义试错法走出的发展道路，对未来的发展前景缺乏展望。现在应该调整思维方式，做长远规划，描画长远蓝图，对发行

监管制度做出重新规划。

首先，政府各个部门对资本市场在我国经济起飞中能够起到和将要起到的作用要有明确和统一的认识，在有关资本市场的很多关键问题上加强协调，并在相关政策上予以坚定不移的支持；其次，要继续深化资本市场的各项改革措施，推动包括发行监管制度在内的监管制度向市场化方向迈进，证券监管部门要在坚持"法制、监管、自律、规范"八字方针的基础上，鼓励和强化市场机制的作用，尽可能用市场手段解决市场失灵的问题；再次，要适应加入世界贸易组织（WTO）的新形势，努力学习和掌握世界贸易组织（WTO）规则体系和国际证券监管惯例，完善适应国际化的监管制度，提高按国际通行证券监管规则办事的能力，逐步淡化我国证券市场的"中国特色"；最后，要加大对外开放力度，逐步增加我国资本市场和机构的国际竞争力。

在大的体制环境未发生重大变化的情况下，现行股票发行监管制度的改革就只能是一种过渡性安排。从长远看，中国股票发行监管制度的改革目标是加快市场化进程，确立市场机制对资本市场资源配置的基础性地位。因此，目前的核准制下的保荐制股票发行监管制度最终将逐步减少行政干预色彩，并向注册制过渡也是适应我国《行政许可法》改革的必然要求。2004 年 7 月 1 日开始实施的《行政许可法》规定，凡是老百姓能够自主决定解决或者通过市场竞争机制能够有效调节的，以及通过行业组织或者中介机构能够自律管理的，或者行政机关采用事后监督等方式能够解决的事项，均不得设定许可。

在任何国家，经济制度都是一个体系，制度安排之间具有相关性，即每种制度都与其他制度保持着相互依存性。从根本方向上讲，股票发行监管制度改革要与政府体制改革相配套和一致，需要其他制度的配合。一种股票发行监管制度，即使它在公正、安全、效率的制度设计方面非常突出，但如果缺乏与之配套的国家有效的法律制度和社会经济体制环境，其预期运行效果将很难实现，甚至会因其放大了制度缺陷而出现适得其反的效果。

我国股票市场问题并不孤立，它与我国 20 多年来的发展和积累的问题一脉相承。生存与发展、短期与长远、经济与环境之间的矛盾，是中国现在面临的紧迫问题，必须对其有所取舍。于是便有了现在的科学发展观，有了和谐社会的提法，这些是在对社会政治经济的深刻反思后得出的结论。具体到股市，建立科学发展观，就是要一改过去政府及上市公司对投资者只讲索取不讲回报的常态，要建立起一种彼此共生共荣的环境，追求共同的利益。

二、建立和谐、公平的股市

我国改革开放经过了 30 多年，经济取得了巨大的成就，但贫富分化、地区差别、人与环境等矛盾也积累很深，给经济进一步升级发展留下了隐患，也在一定程度上造成社会各类矛盾的激化。2006 年"两会"最热门的关键词当属"和谐社会"，许许多多代表、委员的议案和提案都是从建设和谐社会出发。中国社会的理想状态是和谐，建设和谐社会是全体国人所希望的最新目标，执政党目前的努力也正在体现这种美好的发展趋势，建设和谐社会是众望所归。

在 2006 年 3 月召开的全国政协十届四次会议上，吴敬琏教授不断重复着自己已经重复过不知多少次的观点："中国目前最大的问题是机会的不平等，掌握着垄断权力的人不愿意放弃能给他们带来亿万财富的权利，其次是过程的不平等，最后才是结果的不平等。前两者是当前贫富差距扩大的主要原因。"

公平和效率问题是经济学研究的重要问题，也是资本市场改革的重要问题。任何一次改革都会牵涉到一次利益的再分配。中国资本市场的发展包括一系列的改革，这些改革会涉及中国经济运行的很多方面，如所有制的改革、上市制度的改革等，这些改革一定会影响到不同利益团体的利益。有些团体可能从中受益，有些团体可能在短时间内受到损失。这里就涉及公平的问题。

事实上，我国在利益分化基础上而形成的多元结构，已经在学界中被普遍看做是和谐社会中制度架构的重要内容，而多元结构的稳定性恰恰在于不同社会群体的利益均衡性。这种均衡性的实现，关键在于实现权利资源的平等分配，进而使弱势群体与强势群体一样，能够在国家政治架构中拥有表达自己利益的真实代表。如果回避甚至否认利益结构多元化及其均衡性，那么，一方面可以使利益独占性机制理所当然地存在下去；另一方面也会使社会弱势群体在无可奈何的情况下，从体制外寻找获得自己利益甚至是谋求生路的途径。这种局面的形成，不仅会使社会的和谐程度大幅度地下降，甚至还有可能造成社会的混乱和动荡。

我国社会存在的不和谐大都源于经济发展的不和谐。建设一个和谐的社会首先要解决经济发展的不和谐。资本市场是市场经济的核心组成部分，资本市场发展得不好，市场经济建设就不和谐；股票市场不能健康稳定发展，受害最深的是千千万万的投资者和经济的健康发展。

公平、共赢原则是市场经济条件下，不同利益集团之间利益分配应坚持的原则。因为在市场经济条件下，市场参与者享有参与或退出某项经济活动的完全自由，如果利益分配是单赢的，那么失利的参与者会退出，从而导致经济活动的解体。

当前值得注意的是，有一些基础性制度之所以不能有效地执行，一个重要原因是地方政府没有担当起制度供给者和监督者的角色，而是扮演了直接参与者和操作者的角色。地方政府僭越市场职能，不仅不能为各个利益群体提供加大增量资产的基础性制度，相反，在与民争利，这是一种影响社会和谐的利益失衡。

在我国，一些股市既得利益集团为了维护自己在股市的利益，通过手中的权力或游说能力不断地影响股市，造成了诸如畸形化的证券"发审"体制和高价发行、"低成本"违规等；或是以各种方式胁迫监管机构和政府部门人为"托市"；或是以维护市场信心为名阻碍监管机构查处大案要案。这些事件造成公司上市弄虚作假和股市的价格扭曲，危及股市的诚信并严重损害了其他市场参与者的利益。

三、加强股票市场法制建设

现代市场经济体制的制度基础是什么呢？根本的一条就是法治。法治的第一个作用是约束政府，即约束政府对经济活动的任意干预。政府的行为应该受到约束，如果没有约束，政府对各种新兴企业肆无忌惮的骚扰就会阻碍企业发展的。对腐败的惩治、增加透明度等的说法都是与政府的约束连在一起的。法治的第二个作用是约束经济人行为，其中包括产权界定和保护、合同和法律的执行、公平裁判、维护市场竞争。这通常要靠政府在不直接干预经济的情况下以经济交易中第三方的角色来操作。如果说法治的第一个作用往往意味着放松规制（Deregulation）的话，那么其第二个作用往往意味着引入某些规制。正是通过法治的这两个经济作用，现代经济在制度上确定了政府与经济人（企业或个人）之间的保持距离型关系。这是现代经济发展有活力、有创新，而又可持续的制度基础。

我国是转轨国家，约束政府对经济发展来说尤为重要。政府行为在不受约束的情况下，政府对经济人的承诺（Commitment）就变得不可信（Not Credible），这就是通常老百姓所担心的"政策多变"。在经济学上这种现象称为政府的"不可信承诺问题"。事实上，这往往是一种"双输"局面。当老百姓不相信政府许诺的政策时，他们就没有生产的积极性，激励下降，经济不发展，最终反而使政府自身的利益受损。

反过来，通过法治约束政府的行为则可以达到政府的"可信承诺"（Credible Commitment），并造成"双赢"结局。政府受到法律约束，不能对经济随意干预，也不可以随意限制经济活动，经济政策也不可以朝令夕改。预期到稳定的政策环境，个人与企业就会理性地放心投资。由于经济人有积极性并由此产生经济活力，不仅经济人受益，而且政府也可以从中收取更多的税，因此是双赢的。这不仅仅是逻辑推导的结果，也有历史证据可寻。比如英国的"光荣革命"削弱了皇家收税权力，权力转向议会，在后来的英法战争中，英国反而通过发行国债征集大量军费，因为其政府的还债承诺可信性增强了。而中央集权的法国却没有做到这点，因为投资者不相信其不受约束的政府的许诺。记得一位英国的法学家有过这样的思想：法律能够建立的基础不是法，而是长期以来形成的经验政治以及社会、文化对法律统治的接受，或者说是民众在一个长的历史时期懂得了如何能够限制政府的权力，并相信这些限权观念是对整个社会有益的。①

法治的第二个作用是约束经济人行为，这就需要政府依照法律发挥其支持和增进市场的作用。为了达到此目的，政府在经济交易双方中应充当不偏向的第三方的角色。政府必须明确规定产权、保护产权、执行合同、执行法律、维护竞争、部分地规制市场、当好裁判等。通过政府的这些作用，交易双方约束自己的经济行为而达到"可信承诺"，进而创造"双赢"结果。合同和法律的执行，公平裁判，维护市场竞争，这些通常要靠政府在不直接干预经济的情况下以经济交易中第三方的角色来操作。

目前，我国发行监管制度表现出的短期行为，说来说去都与市场运行的法律制度不健全密切相关。国有产权不明晰，私有产权不能真正地得到保护，法律与社会信任就难以真正地建立。发行监管设计的各方大都只考虑眼前的利益，因为没有一个完善的法律体系能保证他们远期的利益。在一个不具有良序法律规则体系的市场环境中，当事人不是很在乎信誉，可能并不是一个非理性选择。很多实证可以证明，法律体系越完善的国家，社会信任度越高，商业信用体系也越发达，市场参与者也越兼顾短期和长期利益。

我国的腐败频发现象显然不能仅从政府官员的个人品质和思想认识上去找问题的原因，而须从制度安排上反思约束我们市场秩序运行的基础法律构架。如果没有法律法规明确界定政府的职能和行政范围，或者说政府的权力是无限的，自然也就意味着不会存在有效约束政府官员腐败寻租的制度机制，因而腐败也必定伴政府管制而生。且政府的管制越多，赋予政府机关的权力越大，政府官员手中

---

① 冒天启：《对俄罗斯、中国市场化进程比较的评估——兼评转型经济比较研究的现状和主要问题》，天则经济研究所演讲稿，2004年10月15日。

的自由裁量权也就越多，由他们的自由意志决定经济社会命运和市场运行的力量也就越强，腐败产生的可能性也就越大。这样一来，在整个社会已形成了个人通过市场交易来发财致富的普遍价值导向的当今格局和世风之中，如果没有明确的法律法规约束政府公务员手中的权力范围和界限，腐败的大面积发生和扩展，可以说是一个法制不健全的市场化过程的一个自然和必然结果。

四、加强社会信用建设

市场经济体制说到底是建立在交换基础之上的、依靠市场竞争行为对稀缺资源进行配置的一种经济制度。在这种制度下，为保障资源配置效率能达到理想的帕累托最优状态，就必须要求经济主体之间的交换是平等、自愿、没有欺骗的交换，因而参与交换的主体也就必须是平等的，是没有特权的，这样的平等需要法律的保护和信用的规范。市场经济是信用经济、契约经济，也是法制经济。信用是市场经济的基础，法制是信用的保障。健全的法律体系，是正常的信用关系得以维系的保障。仅靠良心、道德，不可能有效约束债权人和债务人的经济行为，必须依靠法律力量。

构建有效的信用制度，是关乎当前改革与发展全局的问题。它不仅关系到当前的经济运行和经济发展，更关系到社会主义市场经济体制的建立这一根本性的问题。信用建设的基本原则对信用法律制度的创立和整个信用体系的建设实践起着至关重要的统率作用。抓紧建立企业和个人信用信息征集体系、信用市场监督管理体系和失信惩戒制度，形成以道德为支撑、产权为基础、法律为保障的社会信用制度，是建设现代市场体系的必要条件，也是规范市场经济秩序的治本之策。

诚信问题是所有市场面临的共同问题。考察国外证券市场的发展历史可以知道，发达市场中诚信法则的建立也并不是一步到位的。从英国 18 世纪 20 年代的"南海泡沫事件"到美国 20 世纪 30 年代危机前后股市中的违规风潮，发达市场上公信力的形成无不经历了发展初期无数次暴风雨的洗礼。

中国处于计划经济向市场经济转型时期，从政府到民间，都经历着改变传统思维方式和行为方式的痛苦过程。这一过程中出现的信用缺失，成了严重阻碍市场经济发展的"瓶颈"，不仅造成经济关系扭曲，社会交易成本增加，而且败坏社会风气，直接影响了市场经济的正常运行。加快建立符合市场经济要求的现代信用体系，已经成为中国经济健康发展的必要前提。

良好的社会信用是现代经济金融正常运行、保障监管效率和有效防范金融风险的重要基础。在证券市场中，诚信原则也是市场稳定运行的灵魂，诚实守信是合格市场主体最基本的道德规范。证券市场的稳定发展，不仅与上市公司现有业绩相关，更与投资者对市场发展的未来预期以及由此确立的投资信心相关。为确保这一信心的稳定，通过强化监管保证证券市场诚信力至关重要。投资者权益能够得到有效保护、证券市场能够促进资本形成和有效配置以及整个国民经济的稳定增长，是证券市场稳定发展的心理支撑。夯实这两个信心基础是各国证券市场监管共同追求的目标。尤其是中小投资者作为证券市场的主体，其合法权益能否得到有效保护，决定着证券市场能否有效健康、可持续性地发展，因此保护投资者合法权益是确立信心的基本动力。

建立一个诚信的证券市场是一个长期、复杂的系统过程，有赖社会各界的共同努力。股票发行监管制度的完善有助于社会信用的强化：证券监管机构对上市公司信息披露制度的完善和市场监管的加强等对社会诚信建设起着重要作用。另外，公司治理结构改进，会计师、律师等中介服务机构保持中立和诚信，投资银行或券商的尽责，证券立法的完备，司法的公正和有效，媒体和社会舆论的监督，政府和企业关系的清晰化等都会对社会诚信的建设有所裨益。

五、政府角色要定位适当

市场经济的显著特征是分散的经济决策者根据市场价格自主决定资源的配置。许多经济史学家，如诺斯（North）和罗森伯格（Rosenberg）都把西方的崛起归因于国家在对经济人的关系上从政经不分到政经保持距离型这一根本转变。众所周知的一个重要的历史事件是英国 1688 年的"光荣革命"。从那时起，英国皇家的财政和经济权力开始让位于议会并逐渐退出商业经济领域，这是现代市场经济体制的起源。

在现代市场经济中，政府须"有所为亦有所不为"。政府如果不能"有所为"，那就蜕变到早期的自由市场经济，西方国家市场经济的发展早已证明了自由市场经济的诸多缺陷，它们也早已抛弃了自由市场经济。政府如果不能"有所不为"，改变权力使用方式，会严重制约市场的活力，阻碍市场的健康发展。

我国的金融监管改革就是让市场在金融资源配置中发挥基础性作用，并在这个前提下有效地发挥政府在金融发展与稳定中的重要作用。例如：制定全球化背景下的金融政策；建立有效的风险监管与风险防范机制；创造良好的金融生态，为金融的健康发展提供良好的制度环境。

从股票发行监管情况看，政府监管转型的基本目标在于建设公共服务型政府。我国政府确定的"经济调节、市场监管、社会管理、公共服务"的职能定位，其本质是公共服务。表现在股票发行领域，"经济调节"主要是实行有效的发行监管政策，加上必要的行政手段，调节股票发行监管中的各种关系，以保持良好的发行监管秩序和环境；"市场监管"主要是创造一个平等竞争的股票发行市场环境以及建立良好的市场信誉；"社会管理"内在的要求是提供有效的公共产品以达到社会的满意度，并由此保持股票发行市场的稳定发展；"公共服务"是指政府提供良好的股票发行市场的良好环境，提出科学的中长期发展规划和有效的宏观经济政策，实现从单纯注重经济增长向关注和谐社会发展的转变。

中国证券市场的诞生及蓬勃发展是"全能政府"治理模式转型的一个典型缩影。政府治理模式的优化就是政府"全能政府"治理模式的转型。正是由于政府尝试着走向市场经济，作为市场经济企业主要融资渠道之一的证券市场才可能出现并受到政府的大力扶持；从另一方面讲，中国的证券市场的发展从一开始就带着浓烈的时代色彩，政府给予的大力支持同时意味着其不可能脱离政府治理模式变革的背景。

作为市场经济重要代表的证券市场，政府对资本市场的管制和直接控制都有点过了。包括对上市额度的确定及其在各地区的分配，IPO 价格定价、市场的价格水平、入市资金、产品的运用等都进行了广泛的各种干预，导致了各种各样的问题产生。实际上早期的股票市场并不能称其为股票市场，只是一种异化的由政府主导的不公平的社会财富再分配而已。

如果想保持我国股票发行市场公平、效率和不断创新，一定要摒弃政府的计划经济式的管理方式，努力打造一个公平、信息透明、自由竞争的环境和能够促成并维护这种环境的监管机构。证券市场对监管机构突破传统的计划治理模式、建立合理法制框架的需求显得更为迫切。

六、保护中小投资者

资本市场不同于其他市场有众多原因。一是投资者投入资金与取得回报之间有相当的时间差，这就给企业和资本机构很大的机会从事不利于投资者的活动，即所谓道德风险问题；二是存款者和股民人数多而且分散，由于"免费搭车"问题，他们很难集体行动，结果他们的利益容易受到侵犯；三是资本市场中的定价往往依据投资者的期望因此存在多个均衡价格（Multiple Equilibria），由此市场价格可以与经济的基础无关。

国际证监会组织（IOSCO）在其纲领性文件《证券监管目标与原则》中将上市公司的股东分为发起人、投资者两大类。该组织认为投资者一般为公司外部人且绝大部分是中小股东，在信息获取和股东大会投票表决方面处于明显的劣势，其利益容易受到发起人大股东及其他内部人的侵害，而自身由于实力有限、组织松散难以实施有效的自我保护，因此需要监管部门出面对投资者的利益予以保护。基于上述原因，IOSCO 规定了防止市场操纵、内幕交易，充分信息披露、规范券商行为等保护投资者的基本原则。由于 IOSCO 文件中的投资者概念大致相当于我国的社会公众投资者，我国同样应遵照执行上述基本原则对上市公司社会公众投资者的利益予以切实保护。

投资者之所以成为弱势群体，主要原因：①在发行市场上，投资者将资金提供给证券发行人以后，这些资金固化成了企业的运营资产，投资者要从这些资产上直接拿回投资资金是极为困难的。即便企业运营失败，在破产处置中，投资者要收回投资资金也是难有保证的。②在交易市场上，受信息不对称制约，投资者通常难有充分的信息来保障投资选择的准确性，因此，很容易受到证券发行人的信息误导。③在法律诉讼中，投资者一般难有足够的成本支持，而证券发行人支持诉讼的资金又通常是投资者先期购买证券中提供给证券发行人的，因此，诉讼成本实际上是投资者支付的，即便诉讼获胜，也只意味着投资者的各期损失有所降低。此外，投资者比较分散，各自利益、意向和所处条件不尽相同等，从而常常难以形成一致意见，也是导致投资者成为弱势群体的一个主要原因。

资本市场的发展又是以投资者的资金支持为基本点的。对证券发行人来说，没有投资者的认购，证券无法顺利发行，发行证券并融入资金就是一句空话；在证券交易中，没有投资者的入市，证券无法成交，也就没有交易市场的存在和发展。马克思曾经说过，货币持有人是社会力量的代表。同理，在资本市场中，投资者群体也是社会的代表，他们的选择实质上是社会的选择。因此，尽管资本市场中的各种关系极为复杂，但维护投资者的权益却是其中的根本所在。

由于我国上市公司股权长期割裂，非流通股东侵占社会公众投资者权益的现象屡见不鲜，社会公众投资者很难通过长期投资获取相对稳定的投资收益，因此相当部分投资者习惯于在恶性投机中博取差价。这导致了我国上市公司股价的运行与公司基本面长期背离，绩优股票价位长期偏低，而 ST、*ST 等高风险公司的股价和市盈率倍数明显偏高。这种股价运行与基本面相背离的现象客观上限制了证券市场优化资源配置的功能的充分发挥。

社会公众投资者一般为上市公司的弱势群体，各国均采取保护措施以保证市场的公正性。国外学者曾对英、美、德、日等 27 个国家数千家样本公司的数据进行回归分析，结果表明，一国证券市场的总体规模、上市公司的平均市值与该国的投资者权益保护机制完善程度成正比。只有投资者权利得到切实的保护，一国证券市场才能得到持续的发展，否则证券市场最终沦为零和博弈甚至是负和博弈游戏，投资者陆续撤资，出现市场日益萎缩的局面。社会公众投资者是我国证券市场流动性的主要提供方，只有通过保护社会公众投资者的合法权益不断吸引新的投资者参与证券投资，我国证券市场才能获得持续、稳定的发展。①

周小川曾说，要保护投资者的权益就必须向他们及时提供完整、准确的信息，保证他们的知情权。近年来，我国深圳、上海证券交易所不遗余力采取了诸多的措施强化信息披露的一线监管，以确保社会公众投资者的知情权，推进对社会公众投资者权益的保护。

第二节　优化中国股票发行监管制度的建议

一、对股票发行监管者重新定位

1. 建立有限政府

监管作为政府干预市场的一种手段，在制定和实施中会较多地受到一个国家政治、法律和经济体制的影响，是一种非常复杂的制度性安排。作为行为主体的政府在这一过程中无疑扮演着最重要的角色，但是政府对市场进行监管的天然合理性已经被"监管俘虏理论"从本质上推翻了。因此，我们在实行监管的过程中，应该对政府这个行为主体进行约束和限制，即加强对监管者的监管和规范政府的职能，力图在现有约束条件下消除制度供给过剩，弥补制度供给的不足，实现制度均衡。

为此，为实现政府微观监管职能的重构，我们必须要从根本上杜绝政府的不恰当介入，也就是必须建立"有限政府"。建立"有限政府"的理论依据是政府理性的"有限性"。政府理性有限的主要原因在于，一方面政府作为政党政治的一个

---

① 邱永红：《论证券交易所与社会公众投资者权益的保护》，深圳证券交易所网站，2004 年。

社会组织，其阶级性是毋庸置疑的，在政策的制定与实施过程中必然受到不同利益集团的影响；另一方面由于信息不对称的客观存在，政府无法真正、全面掌握有关市场和企业的全部信息，也就不可能成为全能的政府。如果监管者不适当地干预经济，势必影响经济的健康发展，会造成诺斯所言的："国家的存在对于经济增长来说是必不可少的，但国家又是人为经济衰退的根源。"①

在股票发行监管领域，国家和政府必须顺应历史发展的客观规律，在行使管理国家的职能时成为"有限政府"，把有限的精力用到最需要的领域当中去。政府应该摆脱"救火员"的地位，由保护性监管转向激励性监管，从而更加有效地利用有限的管制资源。加强股票市场基础建设，促进股票市场法制和信用建设，坚决打击抑止扰乱股票市场秩序的特殊利益集团，切实地保护中小投资者。

我国进行股票发行监管制度的改革总体上讲还是属于一种"供给主导型"的制度变迁模式，这就决定了政府主体是决定制度供给的方向、形式、进程及战略安排的主导力量。这使我们的改革减少了很多的交易成本，却也带来了很大的风险。一方面规范政府行为，建立有限政府；另一方面还要完善各种相关的监管立法，弥补法规的不足，真正实现依法监管。

2. 对监管者实施监管

在新制度经济学理论研究中，监管被看成是一种制度性安排，可以用契约或合同的概念加以说明。在这里所谓合同就是监管相关各方就如何监管所达成的一种协议。但由于相关各方的关系较为复杂，在非对称信息条件下，可以用委托—代理关系来加以分析。在监管过程的当事人之间存在着：公众—政治委托人、政治委托人—监管者、监管者—被监管企业这样三层委托—代理关系。

首先，在民主政体下，政治委托人执行的是公众的意愿，或者说是选民的意愿。之所以如此是因为在公众与政治委托人之间有一种隐性的契约关系：公众将自己的权力委托给政治委托人，让他们去实现公众的利益；与此同时，公众也赋予官员们一定的报酬，从而形成了第一层委托—代理关系。其次，由于监管者也是"经济人"，如果"有利可图"，他们便会站在企业的立场上以促进企业利润的最大化，或考虑其他利益集团的利益。因此对监管者进行监管也是非常必要的。

如果缺乏对监管者的再监管，很可能诱发监管主体内部宽容监管的道德风险，即放松对金融机构的要求和对风险能力的控制，隐瞒金融机构的不良状况。监管

---

① 诺斯：《经济史中的结构与变迁》，上海三联书店、上海人民出版社，1994年。

者这样做的动机之一是逃避监管不当的职责，总希望不良状况能够得到改善，这种情形可称为"官僚赌博"；动机之二是可能来自外来机构人情世故的影响。

我国在长期实行计划经济过程中形成的政企合一的体制，使得一些特殊行业的主管部门与被监管企业在根本上就是一家人，有相同的利益诉求，监管者也是垄断利润的享用者，两者很容易联合起来共同借助政治资源瓜分经济利益，造就了一个庞大的特殊利益集团。这就形成了一种悖论：原本起源于西方的政府监管其目的在于克服自然垄断和信息不对称所造成的社会福利的损失，而在我国实行的政府监管却反而表现为行政垄断，这种垄断所造成的社会福利的损失要大于大多数市场经济国家历史上有过的政府监管下的市场垄断，并导致全社会总福利水平下降。同时行政垄断也对相关企业的技术进步造成了消极影响。因此，在我国的特殊情况下如何做到对监管者的监管显得尤为重要。

2004 年证监会发审委工作处的一个处长的东窗事发，暴露了监管部门黑幕的冰山一角，即所谓的"王小石事件"，[①] 加大了民众对缺乏监督的监管部门的愤怒和不信任，让我们认识到对监管者实施监管的迫切性。

对金融监管的再监管既是完善资本监管体制的重要组成部分，也是确保资本协调机制有效运转的基础。金融监管本身是制衡的产物，我们不能因为金融监管的存在而放弃对金融监管的再监管。应该肯定，监管者需要自律，事实上监管当局本身也设有纪检、监察等部门，但自律和他律是不同的概念，而且其效果也迥然不同。因此，为健全和完善我国的金融监管体制，我们应尽快设立"金融再监管局"，以便对监管政策的执行、监管效果进行评价，以及对监管者个人行为等实施有效的再监管。

"金融再监管局"应直属国务院领导，但可考虑由人民银行代为管理并行使职能。第一，人民银行作为国务院的内阁成员单位，其本身是国务院的组成部分，人民银行本身就有负责整个金融业的宏观监控与稳定的责任；第二，监管职能分离后，人民银行与金融机构之间没有直接的利害关系，相对超然的地位有利于代行再监管权；第三，作为国家金融宏观管理部门，由人民银行行使再监管职能，有利于金融稳定协调机制的建立。

---

① 王小石把发审委的人员名单出卖给申报上市的公司，受贿 20 万元。需要说明的是，王小石是由于家庭矛盾被当律师的妻子将受贿直接交到检察院的，王小石才被暴露的。事实上，这种事在证券市场实在是不算什么大事，比这情节严重的太多了。

二、加强自律监管

从我国证券监管的现状看，证券监管体制属于政府监管为主、行业自律监管为辅的监管模式，但自律监管缺乏法律赋予的必要权力。比如交易所缺乏对公司上市的选择权，缺乏对市场运行与异常波动的实时监控权和调查权，中国注册会计师协会只能调查和处罚会计师事务所及相应的注册会计师，也不能调查上市公司，这不利于及时发现查处违规行为。

当前，我国证券市场尚处于起步和发展阶段，市场不成熟，规则和制度不健全，这种特殊国情决定了强化政府监管有其合理性。但加入世界贸易组织（WTO）后，我国将加快证券市场开放的步伐，使我国的证券市场风险日益复杂化，这也增加了控制和化解风险的难度，完全依赖政府来监管市场是不现实的。借鉴国外经验，我国应该明确界定自律组织与政府监管部门之间的分工，凡是能通过行业自律组织解决的问题就由自律组织解决，充分发挥自律组织在风险防范中的一线缓冲作用，避免证监会始终处在风口浪尖上，承受过大的社会压力。而逐步实现由"以政府监管为主，自律为补充"的监管体系向"以自律为基础，政府监管为主"的监管体系过渡，这是十分必要而现实的选择。

（1）要扩大证券交易所在股票发行中的话语权，并逐步过渡到由交易所对要发行股票的公司进行审核，证监会主要负责股票发行基础性制度建设和维护股票市场的公开、公正与公平；扩大交易所对交易市场运行与异常波动的实时监控权和调查权；建立交易所对会员公司的常规审查和定期抽查制度，发挥其信息优势，及时发现风险隐患，保证证券市场在正常的风险状态下运行。

（2）要增强证券业协会的独立性，去除证监会附属机构的色彩，真正办成证券业的行业自律组织。①要尽快理顺证券业协会管理体制，加强自律管理，发挥行业自律组织对监管工作的辅助作用。赋予中国证券业协会和地方证券业协会对违反行政法规以及自律性原则的会员进行调查和处罚、对会员之间的纠纷进行调解仲裁、取消违反法律法规和自律性规则的从业人员的从业资格等权限。②要强化协会在维护市场公平竞争方面的作用，明确协会有权对破坏市场公平竞争秩序的会员进行处罚（包括警告、通报批评、责令改正、取消当事人或负责人从业资格）。③要规定协会可通过制定自律规则（如《会员自律公约》和《证券从业人员守则》等）对会员和从业人员进行自律管理。协会要对会员经营行为进行经常性的监督和检查，对违反法律法规、协会章程、自律规则及行业规范的，按照规定进行处罚。

(3) 要充分发挥会计师事务所、律师事务所、资产评估机构、资信评估机构等专业机构的监督功能。要加强对有关证券从业资格的会计师、律师和评估师的职业教育，依法加强对他们的管理，对少数违法、违规的事务所和评估机构要坚决惩处，该行政处罚的坚决予以处罚，该吊销执业资格的坚决吊销资格，该追究刑事责任的要坚决追究刑事责任，促使他们履行勤勉与诚信的职责，真正发挥好他们作为"经济警察"的作用。

三、加强社会信用建设

1. 证券市场是个信用缺失的市场

著名的美国"安然事件"中，正如 SEC 认为的那样，"贪婪与狂妄"已经使会计师传统上确保股东健全财务报告的使命产生偏离，安达信丧失诚信，致使自身灭亡。

证券市场是充满机会和诱惑的博弈场所，需要通过制度安排对参与者和监管者进行制约和威慑。然而，如果证券市场的参与者和监管者不讲正直、诚信，制度安排将显得苍白无力。因为，任何制度的完善都是相对的，都是有"空子"可钻的。在我国证券市场发展过程中，在利益的驱动下，一些上市公司、会计师事务所铤而走险，忽视、践踏信用，出具虚假会计报告、审计报告，欺骗国家政府，坑害股民百姓，扰乱市场秩序的情况很普遍，情节严重。信用缺失已成为制约经济发展和金融安全的"瓶颈"，消除信任危机已成为社会各界的共同呼声。

诚信问题看起来是一个道德问题，实际上还是一个法律问题。也就是说我们要有一套切实可行的制度保障，让不遵守诚信原则的企业付出更高的代价。在立法上要充分体现保护守法人利益的原则，强化违约责任追究，特别是要从司法和执行上落实法律责任。加强执行力度，维护法律的权威，使法律真正成为维护信用关系，保护守法者合法权益，追究违法、违约者侵权责任的有力武器。证券市场上一些曾经严重违法、违规的企业和个人依然活得很滋润，即使受到处罚，也是蜻蜓点水，在这种情况下，是不可能奢望他们坚持诚信原则的。

政府作为社会的管理者，应该是整个社会行为的榜样。法律之外，政府的政策是很重要的，出台政策是一项很慎重、很科学的事情。执行法律与执行政策在本质上是一致的。此外，政府作为信用管理体系的最高管理者，更应树立诚信观。

2. 建设全国性的信用征集系统

(1) 我国应该着手社会信用系统方面的立法，加快立法，让大众逐步认识到建立社会信用系统的重要性。目前我国在信用方面的法律法规基本上还处于空白状态，要把信用体系建立起来，最急迫的是抓紧建立与之相适应的法律法规体系。在信用系统发达的美国，有《信息自由法》、《联邦咨询委员会法》、《阳光下的联邦政府法》、《美国国家安全法》、《隐私权法》、《统一商业秘密法》、《公平信用报告法》、《就接触秘密信息而进行背景调查的调查标准》等大量关于信用方面的法律，并建立了成熟、便捷的全国性信用系统。除了政务信息外，公用事业、行业组织、企业和消费者个人信息对信用服务公司都是开放的，只要不违背法律，都可以收集使用。信息的公开、透明和迅捷，是支撑信用服务这个现代服务行业生存和发展的基础。

(2) 建立一个全国性的信用征集系统是保证社会信用系统建立的一个基本保证，只有建立了全国性的征信系统，将不守信用者登记在册，则不守信用者再也不能像以前那样：在这个地方做点坏事，然后一走了之，又到另一个地方重新不守信用。从技术和实际需求的角度讲，国家早就应该着手建立全国性的征信系统，这是维护市场经济正常运行，促进社会信用环境好转的一项基础工作。但遗憾的是，不知什么原因，这种基础性的工作一直没有得到应有的重视。

在我国，由于法律缺失，征信数据的收集和应用十分困难。对消费者公开信息和个人隐私如何界定非常困难。与信用有关的大量信息目前分散在不同部门，如工商、税务、外贸、海关、交通、银行，证券、保险、公安、法院、质检、药监、环保等方面的信息和数据，目前 90％以上集中在政府，政府部门之间的信息和数据既不流动也不公开，大量有价值的信息资源被闲置和浪费。

(3) 美国信用服务业都经历了充分的市场竞争过程，可以说，目前美国信用服务业保留下来的企业，都是市场成熟度很强的企业，是市场竞争力很强的企业，是超大型的企业。①这些企业具有鲜明的独立性、中立性和公正性。这是信用服务企业最主要的无形资产。②有很高的市场认知度，有细分的、稳定的客户群。除了消费者信用局，穆迪、标准普尔、菲奇、邓白氏公司的客户都已经扩张到整个世界。穆迪等三家公司只做国家、银行、基金、大型上市企业等方面的信用评级，邓白氏公司只做企业资信调查评级，全联等公司只做消费者信用评级，市场划分得十分明确。③这些企业有很强的信用产品制造能力，并不断进行信用产品创新。邓白氏公司在全球设立了 37 个世界数据库基地，3000 多名员工专门从事数据库的加工，数据库基地是企业高度机密场所和核心部门。目前美国这些大型信用服务公司都有自己强大的商业数据库，能提供几种到十几种信用评级或调查咨询报告，满足不同的需求者。④这些企业在实践中创造了行业标准和操作规程，形成了技术创新获得的垄断利润。这些行业标准，现在正被世界各国信用服务行业所效仿。

我国目前还属于非征信国家，还没有真正的市场化程度比较高的信用服务企业主体。1997 年人民银行批准了 9 家信用评级公司，① 才掀开了信用评级的始页。2000 年 7 月，上海率先在全国实行个人信用联合征信制度，并采取政府组建公司运营，才开始有了消费者信用服务公司。这些信用服务企业与美国相比，一是发展历史短，市场成熟度比较差；二是与政府关系密切，其独立性、中立性还没有充分体现；三是大规模的商业数据库尚未形成，客户群体还比较小；四是消费者征信还停留在上海这一特定的区域内，无法全面、全程、准确记录信用信息；五是信用产品的生产能力还比较低，产品单一，服务水平还有很大差距。要尽快建立符合市场经济要求的信用体系，既不可能经历美国那样漫长的市场充分竞争的过程，靠优胜劣汰决定企业去留；又不可能让信用企业在没有明确的法律规定下完全摆脱政府的干预；也不能让市场出现由于信用服务企业的无序竞争，造成信用产品的混乱和无信。这是目前加快建立中国信用体系的最大难题。

3. 让失信者失信于全社会

美国的信用惩戒措施之一是把交易双方失信者或经济生活中发生的失信行为扩大为失信方与全社会的矛盾。信用服务公司认为，对失信者的惩戒只靠道德谴责力量是很微弱的。失信惩戒是对失信行为的惩罚，不需要对失信者进行任何思想道德教育，法律支持信用服务公司向当事人的交易双方、授信人、雇主和政府机构有偿提供信用调查报告，让失信记录方便地在社会传播，把失信者对交易对方的失信转化为对全社会的失信。而且失信记录依照法律要保留多年，使失信者在一定期限内付出惨痛代价，如在破产记录保留的 7～10 年内，消费者个人不可能得到新的贷款。

另外，失信惩戒要人人平等，才能更好地教育民众守信。美国法律规定，未成年人不许买酒，也不许喝酒，而布什总统的两个 15 岁的女儿都爱酗酒，2001 年

---

① 现实中，这几家信用评估公司的信用就有问题，和政府有千丝万缕的关系，在实际操作中也很难做到公正、客观。

5月詹娜在酒店使用别人的证件买酒被警察抓住，芭芭拉喝酒也被人指控，每人被罚款100美元，另罚在社区进行义务劳动，并强制参加戒酒治疗班。

我国对失信者的惩戒机制还没有完全形成，失信者付出的代价不足以抵付所得到的实际利益和好处，很多失信者还相当自在地生活在社会上。会计师、审计师、律师事务所出假数据、假证据、假材料，承担的仅是有限责任，在一个地方露馅，换一个地方接着骗人，没有部门对他们的失信行为进行惩戒；借钱不还、欠债有理更成了普遍现象。即使对比较严重的失信行为，也还没有形成有效的司法配合。对失信者惩处不力，实际上对守法者是一种侵犯。改变信用沦丧的办法，必须从根本上形成对失信者的惩戒机制。

四、中国股票发行监管制度应逐步从核准制过渡到注册制

注册制主要是指发行人申请发行股票时，必须依法将公开的各种资料完全准确地向证券监管机构申报。证券监管机构的职责是对申报文件的全面性、准确性、真实性和及时性作形式审查，而将发行公司股票的良莠留给市场来决定。这种制度市场化程度较高，像商品市场一样，只要将产品信息真实全面地公开，至于产品能否卖出去，以什么价格卖出去，完全由市场需求来决定。这种发行审核制度对发行方、券商、投资者的要求都比较高。股票发行注册制的实施，至少需要满足五个条件：一是该国要有较高和较完善的市场化程度；二是要有较完善的法律法规作保障；三是发行人和承销商及其他的中介机构要有较强的行业自律能力；四是投资者要有一个良好的投资理念；五是管理层的市场化监管手段较完善。

欧美等主要发达证券市场的股票发行制度基本上都是实行注册制，只要企业达到交易所制定的相关的上市标准，就可以上市。在这种制度下，证监会只负责注册，并对申报公司上市文件的全面性、准确性、真实性和及时性作形式审查，而将发行公司股票的良莠则留给市场来决定。实行注册制，证监会只需要监督企业是否把信息披露清楚。至于信息的真实性，由会计师事务所、律师事务所、券商投行去负责。证监会没有了垄断新股发行的权力，就可以避免出现腐败现象。

现在我国股票发行监管制度实行的保荐制是中国证监会贯彻落实《国务院关于推进资本市场改革开放和稳定发展的若干意见》关于"要进一步完善股票发行管理体制，推行证券发行上市保荐制度"精神的具体体现。中国证监会于2003年12月28日发布了《证券发行上市保荐制度暂行办法》。证券发行上市保荐制度是我国证券发行制度的一次重大变革，它是中国证监会根据我国"新兴＋转轨"的

市场特点，从资本市场发展的全局出发，推出的旨在进一步保护投资者特别是公众投资者的合法权益、提高上市公司质量的重要举措。

保荐制度总结了实行核准制以来的经验，对发行上市的责任体系进行了明确界定，建立了责任落实和责任追究机制，为资本市场的持续稳定健康发展提出了一个更加市场化的制度框架。这些制度安排将有力推动证券公司及其从业人员牢固树立责任意识和诚信意识，在对发行人进行尽职推荐、持续督导时真正做到勤勉尽责、诚实守信，发挥市场对发行人质量的约束作用，进而从源头上提高上市公司质量。

实施保荐制度将促进中介机构的良性竞争，更大程度地发挥市场优化资源配置的功能。我国资本市场还处于"新兴＋转轨"阶段，证券发行市场还存在一些非市场化的制度安排，中介机构及其从业人员良性竞争机制还不能得到有效发挥。针对上述问题，保荐制度坚持市场化改革的取向，旨在推动中介机构及其从业人员专业素质和执业水平的提高，形成中介机构及其从业人员比服务、比质量、比信用的良性竞争。通过公平的制度安排，使责任意识强、信用好、业绩佳的保荐机构和保荐代表人得到激励，使不符合要求的保荐机构和保荐代表人不受欢迎以致被淘汰，这会使证券市场的环境更加健康，使资源配置有更高的效率。

当然，正像其他改革一样，保荐制度本身不可能完美无缺，它来自于实践，也有一个随着实践不断丰富完善的过程。在坚持保荐制度大方向不变的前提下，中国证监会需根据保荐制度实施情况及资本市场变化的情况，对保荐制度不断进行丰富和完善。

根据我国证券市场发展的现状和海外证券市场的成功经验，我国新股发行机制的制度安排宜从"政府主导型监管模式"向"市场主导型监管模式"方向发展，变行政监管为契约监管，使政府监管机构从市场的参与者变为市场"公平与效率"的维护者，使市场参与主体在获得各自利益的同时承担相应的责任和风险。当然，这种改革方向不是一步到位的，而是渐进式的，中间需要过渡型的监管模式。

从长远看，由于我国股票发行改革的目标是"大力推进发行机制的市场化，确立市场机制对配置资本市场资源的基础性地位"，因此，我国股票发行的审核制度最终将过渡到市场化程度最高的注册制是合理的选择。

五、提高公司治理水平

1. 建立、健全完善的公司治理结构

我国证券市场的上市公司以前大多是国有企业，而国有企业上市的目的，大

都担负着国企脱困的"历史使命",并且选择上市的企业本身质地也不高。绝大多数国有企业上市前不是股份公司,而是在极短时间内完成的改制上市,使大多数上市公司会计基础不牢,与上市公司要求的运行机制相去甚远,漏洞和缺陷很多。目前,上市公司的诚信受到前所未有的质疑,改善公司治理结构的呼声一浪高过一浪。

我国绝大部分上市公司是由国有企业改制而成的,上市公司国有股"一股独大"已经给中国上市公司脆弱的治理结构带来种种弊端和负面影响,成为公司治理结构改革所要面临的核心问题。"一股独大"导致第一大股东几乎完全支配了公司董事会和监事会,形成一言堂,日常经营中一手遮天,产生造假、不分配、肆意侵吞上市公司资产等漠视投资者利益的行为。"一股独大"是上市公司法人治理结构不平衡、不彻底、不完善的主要根源,也是我国证券市场资源配置效率低下等诸多弊端的源头。Shleifer 和 Vishny(1997)认为:"当大股东(不管是价值创造者股东,还是价值评估型的金融资本投资者)股权比例超过某一点,基本上能够充分控制公司决策时,大股东可能更倾向利用企业获取外部少数股东不能分享的私人利益。"限制一股独大,使投资主体多元化和公司股权分散化,打破国有股或民营股一股独大格局是未来上市公司发行监管的主流方向。[①]

(1)多元化股权结构使各方的行为趋于均衡。均衡,是指每一方为同时达到最大目标而趋于持久存在的相互作用形式。在公司的经营中,各方股东及公司作为具有人格特征的主体,只有在其最大目标一致并且保持长久的良性的相互作用的均衡状况时,其各方的最大目标才能实现。

(2)多元化的股权结构具有动态调整的自身要求。经济学家菲利普·克莱因指出:"现代经济同大多数人为的制度一样必须从动态上观察。一切面向市场的经济制度,都必须从技术、资源、社会目标和期望都在不断变化的观点进行观察和评价。"单一形态的资本结构,不存在不断调整和完善的自身要求,也没有调整的空间。因而,市场的日益变化和新的要求,不能迅速地反馈到企业的资本结构上,致使企业的资本结构、组织结构和管理结构面对市场是呆滞的。多元所有制形态的股权结构,使公司的资本结构、组织结构和管理结构处于不断合理和完善的动态状态。

2.建立控制股东诚信义务制度

股东有限责任即指公司股东以其认购的股份或者出资额为限承担责任。在我

---

① 朱武祥:《一股独大与股权多元化》,《上市公司》2001 年第 10 期。

国，将股东有限责任与现代企业制度绝对地联系起来的观点相当普遍。但反思证券市场诚信缺失状况时，我们注意到诚信缺失与股东有限责任规则的过度运用存在着某种内在关系。有限责任制度希望通过限制投资者风险来鼓励投资，但派生于多数决定原则，却附带地出现了控制股东滥用控制地位、损害上市公司及投资者利益的恶性案件。我们认为，诚实信用是与滥用权利直接相关的逻辑概念，适当限制控制股东的表决权和事务参与权，强调"控制股东诚信义务"在理论上是合理的，在实践上是公允的，亦有国外立法及司法实践的支持。

3. 建立公司管理者个人责任追究制度

公司作为拟制的法律主体，具有阻隔投资者、管理者和相对人责任的功能，但却难以避免管理者以公司之名、行个人背信弃义之实的情形。实证显示，公司诚信缺失与公司管理者诚信缺失紧密相连。把失信标签一概钉在公司身上，有时并不准确，失信的管理者根本无法把公司变成遵守诚信的楷模。让背信的投资者和管理者承担个人失信责任，是阻遏公司失信的重要手段。美国《SOX 法案》要求上市公司的 CEO 以及 CFO 承担个人责任，重新构造出了董事职务行为与个人责任之间的关系，强化了公司管理者的个人责任。管理层承担责任有代人受过之嫌，但却保证了数量众多的投资者获得了安全，投资者与公司及管理层之间的关系重新求得平衡。我们建议借鉴美国《SOX 法案》，要求失职公司的董事和管理者对公司失信承担单独或者连带责任。

4. 加强公司内控

上市公司政企不分的情况下，所有权与经营权相分离、由市场机制选拔经营人才管理企业的股份制基本原则荡然无存。同时，由于中小股东对公司的产权约束弱化，加之目前大部分上市公司都没有建立健全规范的法人治理结构，这就导致了上市公司的管理权被公司的管理层控制，出现所谓的"内部人控制"问题。由于公司所有者与管理层之间是"委托—代理"关系，公司经营层的报酬由其经营业绩所决定，在其内部缺乏自我约束和监督机制——企业内部会计、管理控制薄弱，并且会计监督无力、内部审计监督职能被严重削弱的情况下，管理层就存在着盈余操纵的潜在利益冲动和有利机会。因此，我们必须努力完善公司治理结构——股权结构的改造与优化，形成"三会"之间的制衡机制，建立健全上市公司的内部控制制度。

六、强化信息披露

为了应对证券市场上不断出现的欺诈行为，为了减少市场上利用自身特定优势而形成不公平地位的机会，政府有必要强迫那些利用证券市场进行筹资的人将与自身情况相关的所有信息公之于众，以便一般投资公众在作决定时能够充分权衡各种因素的利弊，而不至于在事后发现自己由于对信息缺乏了解而做出了错误的决定。

强制性信息披露制度是各发达国家对其证券市场进行规范、管理的最重要的制度之一。建立和完善这一制度的过程就是法律界、经济界对其有效性、合理性、公平性进行不断探索、求证的过程。依靠强制性信息披露，以培育、完善市场本身机制的运转，增强市场投资者、中介机构和上市公司管理层对市场的理解和信心，是世界各国日益广泛的做法。

保证股票市场的公平有效关键是信息披露问题，即披露的信息必须确保证券价格及时、准确、全面地反映每个上市公司经营的基本面情况和整个证券市场的风险状况。只有在此基础上，投资者才能对未来进行合理预期，进而作出符合自身风险容忍度的投资选择、购买自己偏好的企业的证券；企业进而从投资者手中得到相应的资源配置。这样，企业的融资成本与其风险和经营业绩的前景相符合，达到了证券市场有效配置资源的目的。在此基础上，监管机构和政府得以及时地发现问题，有效地保护投资者权益，并能防范市场系统风险。

证券市场某种程度上说也是信息市场，信息披露是否及时、准确，信息披露的全面性是建立公众对证券市场的信心基础。在监管体制建设中，保证证券市场信息披露及时、准确和全面性是一项长期、复杂的系统工程。它不仅包括证券监管机构信息披露监管制度的是否完善，更有赖于公司治理结构的改进是否强化利益相关者的监督、会计师和律师等中介机构是否能保持中立和诚信地履行职责、投资银行或券商是否尽职尽责，以及证券市场监管立法是否完备、能否保证公正有效行使司法监督、媒体和社会舆论监督是否有效及时、政府和企业关系是否清晰等一系列制度安排。"安然事件"之后的美国改革正是围绕这一中心任务展开的。

监管者只有在强制性信息披露制度及其相关问题上多下工夫，如信息传播的广度、深度、及时性和可比性等问题，以及对蓄意违反信息披露法规的调查和处罚等问题上投入最多的关注和最大的努力，以图使市场日趋成熟，最终才能将政府从社会成本很高、自身风险极大、吃力不讨好而又烦不胜烦的日常经济决定和具体市场运作中解放出来。

证券监管部门和交易所要加强对自愿性信息披露的市场监管，防止上市公司随意披露虚假信息而破坏市场秩序。相对于强制性信息披露的监管，自愿性信息披露的监管中需要主观判断的内容更多，更具挑战性。在制定自愿性信息披露监管原则的时候，有五方面值得强调：①完整性，上市公司自愿披露的信息是否既包括"利好"信息，也包括"利差"信息。②系统性，上市公司是否从不同的角度，通过不同的信息披露来揭示同一个内容，是否形成了具有特色的自愿信息披露模式。③动态性，上市公司是否长期自愿披露某些信息，并不断调整以提高信息的可靠性。④广泛性，是否所有投资者只要愿意就都能平等地获得上市公司自愿披露的信息。⑤比较性，强制披露是否规范可以作为评判自愿披露质量的"参照系"。

充分发挥市场中介机构的作用，建立权威的公司信息披露质量评价体系。信息披露质量评级是由市场中介机构根据其拥有的专业知识和对公司内部信息的充分了解和分析做出的全方位评价意见，以警示普通投资者可能会面临的风险。例如，在加拿大证券监管部门的推动下，加拿大会计准则委员会颁布规章要求会计师事务所对上市公司发布的盈利预测信息提供类似"审计意见"的评价意见。作为市场中介机构，公共会计师对公司盈利预测信息出具的评价意见实际上为投资者提供了某种形式的"担保"，因为他们具有普通投资者所不具有的会计专业知识。

七、强化主承销商管理

保荐制度起源于英国、发展于中国香港，这一证券市场中介模式在海外有一些成功的例子，其针对高风险、新兴市场的天然特性，也与我国证券市场的现状比较吻合。但是，与保荐制度运作得较好的其他地区相比，目前我国还存在一些明显的差异。

在保荐人责任方面，相关制度规定，保荐机构对招股文件中无中介机构及其签名人员专业意见支持的内容，应当进行充分、广泛、合理的调查，对有中介机构的其他内容只进行审慎核查。当两者间有重大差异时，应当对有关事项进行调查、复核。何为重大差异？这本身就是个模糊的概念，一旦保荐人松一点，就会事实上形成对其他中介机构意见的某种依赖、减轻保荐机构在整个上市过程中应承担的主要责任。如何避免这一现象，中国香港地区的做法就给了我们很好的借鉴。[①]

一个运作良好的证券市场应该由政府监管、行业自律监管、公司内控三重有效的监管体系构成，在审核内容职能方面，以保荐机构为代表的行业自律机构同政府部门监管存在着交叉重叠的现象。以公司发行股票为例：同样一份申报材料，保荐人尽职审查，证监会初审，发审委复审，内容基本都一样，都是对申请文件是否存在虚假记载、误导性陈述或者重大遗漏进行审核。大家都在把门把关，但谁也不知道该守哪道门，或者不知道该守一扇门的哪一块地方，不出事皆大欢喜，一旦出事就容易扯皮。纵使各打三十大板，也不知道谁该负最终责任。这样做的结果既降低了整个证券市场的监管效率，又让一些不合格公司有空子可钻。

国内市场推出保荐制度时间不长，一方面，确实需要改变现有保荐制度规则中不合理之处；另一方面，更要切实贯彻执行已有的游戏规则。要想让上市公司保荐制真正凸显它的威力，还需要各相关部门、各相关主体去真正落实它，实实在在地执行它。只有这样，上市保荐制度才能构筑一道强有力的中介屏障，才能真正形成"道德之墙"与"法律之墙"。

我国现在股票发行监管实行的保荐制，主承销商在股票发行各环节的承担的责任更加重大：

（1）寻找优秀的拟上市公司，发挥市场的筛选机制。证券公司是证券市场上的第一道门槛，企业拟上市，首先要得到证券公司的认可。尤其在实行信誉主承销商的情况下，券商将成为企业上市的"第一把关人"。在严格规范的核准制下，主承销商必须勤勉，依靠质量、技术进行竞争。

在规范的市场中，证券公司必须珍惜自身的声誉。如果推荐一家发展前景很差的企业上市，但该企业上市后就一直走下坡路，那么以后该证券公司向机构投资者推荐时，信任度要大打折扣。这不仅会对投资者造成不利影响，而且对证券公司自身今后业务的发展也会产生不利影响。

（2）通过详尽、准确的信息披露，为投资者决策提供参考依据。公司的发行上市过程，实际上就是一个企业的分散化过程，需要大量投资者的介入。投资者在众多拟上市公司中，要甄别出具有投资价值的公司，才愿意购买其股票。而投

---

① 在 2003 年 5 月中国香港联交所与中国香港证监会针对保荐人联合发布的一份《咨询文件》中规定，保荐人不仅要对"非专家部分"负责，而且还要承诺"专家部分"的真实性，也即是说保荐人必须对上市资料的真实性承担首要责任，最大限度地杜绝了上市发行文件中有可能出现的遗漏和虚假记载。

资者要甄别上市公司的好坏，必须要有充分的信息，这就需要作为主承销商的证券公司详尽、准确地披露拟上市公司的各种信息，包括行业情况、企业经营情况和发展前景、企业的各种风险因素等。投资者只有充分了解有关信息以后，才能对企业做出正确的评估，也才能做出正确的投资决策。

（3）以自身的声誉，向监管部门推荐拟上市公司。我国新股发行实行核准制，由证券公司向中国证监会推荐拟发行上市公司，中国证监会及发行审核委员会进行审核，审核合格后准予发行上市。在核准制下，证券公司负有特别主要的责任。在《证券公司从事股票发行主承销商业务有关问题的指导意见》中，中国证监会从保护投资者的自身利益出发，要求主承销商建立对发行人的质量评价体系，主承销商要保证推荐内部管理良好、动作规范、有巨大发展潜力的发行人发行股票。在过去的行政审批制下发行股票由政府审批，在核准制下发行股票不仅要看发行人自己所披露的投资价值，同时还要看为发行人提供专业服务的中介机构，如主承销商等中介机构的信誉、资质和实力，这些都是投资者做出投资选择和判断的基本依据。

（4）以专业技能，帮助拟上市公司改制，进行发行前期的准备。建立良好的公司治理；形成独立运营和持续发展的能力；公司的董事、监事、高级管理人员全面理解发行上市有关法律法规、证券市场规范动作和信息披露的要求。因此，在不断规范的市场环境下，证券公司的主要精力将从过去行政审批制下的"跑关系"转向培育、遴选、辅导和规范优质企业上来。证券公司将协助企业设计合理的股权结构，策划制定改制方案、股票发行方案，以及对企业未来发展规划和发展战略，真正促使企业转换经营机制，建立起科学合理的法人治理结构和适应市场经济要求的公司组织结构；协助公司制定合理的资金投向，保证项目具有良好的发展前景和巨大的成长潜力。

（5）2004年，我国新股发行实行核准制下的保荐制，在这种新的制度下，券商的承销风险和责任显著增大。原有的审批制下的券商的角色只是帮助上市公司争取额度，准备上市所需的材料。但在新的办法下，券商要做的工作不仅包括挑选符合上市的企业、对其进行辅导改制，完善法人治理机构、上市之前研究确定发行价格，券商还要承担相应的推荐责任。保荐机构要建立完备的内部管理制度。保荐机构应当按照保荐制度的要求建立保荐工作的内部控制体系、证券发行上市的尽职调查制度、对发行上市申请文件的内部核查制度、对发行人证券上市后的持续督导制度、对保荐代表人及从事保荐工作的其他人员的持续培训制度以及保荐工作档案制度等，使这些制度成为做好保荐工作的制度保障。

八、强化会计师管理

1. 加快会计准则建设的步伐

会计准则是证券市场正常运行的基本制度之一。在美国能源业巨头安然公司虚报盈利和掩盖巨额债务的丑闻被曝光以后，为避免本国公司重蹈覆辙，亚洲许多国家和地区已加紧了会计准则建设的步伐。负责韩国会计准则改革的韩国会计研究会正在从 IAS 和 GAAP 中挑选出适合本国国情的条款，如果 IAS 和 GAAP 的准则都不适合韩国，那就自己制定。尽管韩国的会计准则在亚洲金融危机发生后已改进不少，但是目前仍在不断修改。2002 年 1 月，日本企业会计商议委员会以 IAS 和 GAAP 为指导，颁布了新的公司审计制度。审计师应当在发现欺诈性会计手法之后进行额外的调查，然后向管理层报告欺诈行为。新加坡和中国香港正在逐步推行 IAS。

我国会计准则的建设任务还十分艰巨。目前的会计准则与制度虽然比较实用，但有些方面还过于原则、抽象、粗糙，操作性不强，还有许多新出现的问题等待回答。问题关键在于会计准则体系缺乏整体框架、不够系统，每次出台的政策法规或修订都是"救火式"的，与现实经济发展的差距越来越大。从总体上讲，现行使用的会计制度是工业经济时代的产物，主要用于反映工商企业的运营情况。而新经济条件下，大量的企业重组都涉及无形资产，融资业务和金融衍生品种变得越来越复杂，即便是专家也很难明确最适当的处理方法。现行的会计报表在反映新经济下的企业经济活动时已变得很"吃力"。因此，一旦公司有意隐瞒或扭曲，报表与实际情况就会相差很大，而表面上看并不严重抵触现有会计和审计准则。

2. 加强会计师诚信教育

要对会计师进行全方位的诚信教育，消除信任危机的不良影响。个人诚实守信，会受到尊重；企业诚实守信，能赢得市场；会计师事务所诚实守信，才能生存、发展。信用是现代市场经济的生命，诚信是商业活动的必备要素。

"安然事件"中，安达信丧失诚信，正如 SEC 认为的那样，"贪婪与狂妄"已经使会计师传统上确保股东健全财务报告的使命产生偏离。因为致力于拓展利润丰厚的咨询业务，使会计师事务所疏于其主营的审计业务；会计师也担心失去咨询业务，而放松了对审计标准的坚持。

在我国证券市场发展过程中，在利益的驱动下，信用缺失已成为制约经济发展和金融安全的"瓶颈"，消除信任危机已成为社会各界的共同呼声。证券市场是充满机会和诱惑的博弈场所，需要通过制度安排对参与者和监管者进行制约和威慑。"安然事件"表明，诚信教育应当是全方位的。注册会计师需要诚信教育，律师、证券分析师、投资银行、信用评级机构以及中小投资者等证券市场的参与者以及政府官员、监管机构和新闻媒体等证券市场的监督者也需要诚信教育。

3. 形成合理的上市公司审计市场结构

基于上市公司审计这种"服务产品"的特殊性①和无差别性，笔者认为形成寡占型的审计市场结构、大大提高上市公司审计业务的集中度是十分必要和有益的。

(1) 可以消除审计活动的地域性，避免来自当地政府的行政干预和当地企业的种种牵制。同时，也有利于打破地区封锁和部门垄断，形成全国统一、公平竞争的审计市场。

(2) 可以大大缩小上市公司的选择空间，使其难以再采用威胁变更事务所逼其就范的不正当手段，从而提高上市公司审计的可靠性。

(3) 有利于造就若干家规模巨大的审计师事务所，增强保持审计独立性的实力。美国审计学家迪安基洛 (DeAngelo) 曾指出：大型审计师事务所具有更强的担保能力，即更有能力抵制客户不许披露欺诈行为的压力；大型事务所有更多的客户，由于某个客户更换审计师而引起的"准租金"（Quasi-Rents）损失很可能小于未能报告欺诈行为对事务所声誉和审计收入造成的影响。

(4) 有利于保持审计业务的连续性，从而有利于通过更好地评估和控制客户的审计风险来提高以后审计质量，并且通过利用以前年度审计工作底稿、简化重复性的首次审计时已实施的审计程序、提高搜集和鉴别审计证据的效率来降低以后审计成本（并使首次审计的固定成本得到分摊），增加事务所的利润。这样，就避免了规模过小的事务所因审计命运的不确定性易出现的短期化行为及对审计质量的损害问题（不愿意投入必要的审计人力和财力）。当然，大型事务所能够在内部建立健全的人才培训机制和质量控制系统，自然也有利于保证审计质量。从这一角度看，构造寡占型的审计市场结构为事务所培育对其业务拓展至关重要的良好声誉和品牌创造了条件。

---

① 虽然在企业上市过程中，券商在中介中处于主导地位，但真正最了解企业的还是会计师，因为通过原始的财务数据最能辨别出企业的实际情况，会计师是否尽职公正直接影响了其他市场参与者辨别企业的能力。

（5）可以形成人才、网络、抗拒高风险等优势，从而能够顺利有效地满足集团式或跨国经营的上市公司对审计服务的需求。

4. 鼓励按照无限责任形式组建中介机构

证券是特殊的信息产品，中介机构及人员的素质、职业和勤勉是影响证券品质的重要因素。当中介机构从业人员不尽责、无经验或者与上市公司成员形成个人友谊时，外部因素就会左右或者影响专业人员的专业判断，甚至出现因个人友谊而帮助企业造假的情形。如果会计师实行无限责任，则会计师再出具审计报告时将会慎之又慎。

九、加强股票发行监管制度的执行力度

建立一个有效的股票发行市场，必须要有保护机制，必须能保护市场参与者的合法权利。在一些参与者违反了市场规则并对其他参与者合法权益造成损失的情况下，必须要有威慑性的监管和执法相配套，才能保证市场的有效运行。我国由于是个"新兴＋转轨"的国家，资本市场的规范程度还远不如人意。特别是有很多参与者践踏了市场规则，严重影响了市场秩序却没有得到应有的处罚，助长了更多不法分子的弄虚作假掠夺股市的行径，是最为中小投资者深恶痛绝的行为。

要想优化我国发行监管制度，真正将发行监管作为一个窗口，将守法、优秀的企业引进股市，提高市场配置资源的效率，监管者必须站在中立的角度，严格执法，以儆效尤，保证股票市场的长治久安。

1. 加大事后惩罚[①]

再完美的信息披露制度，如果不能严格实施，也就会流于形式，无所用处。我国的股票发行监管的依然是重审核，轻查处，美其名曰"事前把关，防患于未然"。在这种思维下，一方面对企业和中介机构涉及证券的活动的事前和事中的审核、许可等监管非常细致严格，有"过度管制"之嫌，对市场机制的形成有相当的副作用；另一方面，则是上市后公司丑闻不断，"过度管制"不仅扼杀市场机制，还不可能"防范丑闻公司于未然"。

要增加证券监管机构事后查处的意识、权力和手段，用事后严查严处带来的恐吓力来弥补"防范丑闻公司于未然"的不足。由于我国证券监管法律体系还不

---

① 证券市场上无法可依、有法不依、执法不严是最受广大中小投资者诟病的，也严重地纵容了违法、违规者。

够健全，对上市公司违法违规的处罚缺乏有力的手段，导致事后查处的力度不够。而对上市公司进行处罚，直接受损害的是股东利益。由于我国有关股东的民事赔偿制度并未完全建立，导致管理层违规者所付出的代价与其在高风险下所可能获取的收益不成比例，因此毛毛雨式的处罚远未能达到足够的警示作用，以致不法者前不仆而后又继。

在我国的股票发行监管实践中，从我国股票发行信息披露严重违规的几个典型案例来看，投资者所遭受的损失非常惨重。但无论从目前的相关法律法规，还是司法实践，以及证券监管部门的实际处理来看，投资者的损失都难以挽回或全部挽回。事实上，由于投资者所受的巨额损失没有得到相应的赔偿，也没有起到对潜在的违规者的威慑作用。

在美国，且不说刑事责任，仅仅民事责任，就让试图违法者心惊不已。比如，巨额的赔付责任会加大注册会计师的执业风险；而良性的市场选择机制也会自动惩罚那些被市场认定为不合格的会计师事务所。Jensen 和 Meckling（1976）认为，在一个理性预期的市场上，违约方将承担相应的机会行为的成本。这使得那些希望在审计市场上长期生存与发展的会计师事务所，必须要保证不违反相应的契约要求（即当时不提供低质量的审计报告）。并且，会计师事务所违约的机会成本越高，它违约的概率相应越低。[①]"安然事件"就直接导致了著名的安达信会计师事务所的倒闭。

2. 提高相关法律的可操作性[②]

由于我国法制的不健全，特别是投资者保护方面立法的不完善，造成很多市场违规违法行为无法可依。一方面纵容了违法者；另一方面也难以保护受害者。我们应该借鉴发达国家的证券立法，将集体诉讼、民事赔偿等具有操作性的法律尽快实施立法。

证券欺诈行为的民事责任是指证券经营机构、证券的发行者、中介机构、投资者等在证券发行、交易过程中从事欺诈行为而应承担的民事法律后果。从各国立法、司法实践来看，证券欺诈行为的民事责任是以救济受害人为目的的，以补

---

① 刘峰：《制度理性与行为理性——兼论诚信教育》，《财会月刊》2003 年第 1 期。
② 在中国内地首例因为上市公司虚假陈述、投资者状告上市公司等相关当事人的民事赔偿案件中，上海浦东新区人民法院以一句含糊其辞的表述——"原告的损失与被告的违规行为之间无必然的因果关系"为由，驳回了投资者的诉讼请求。参见郑顺炎：《证券市场不当行为的法律实证》，中国政法大学出版社，2000年。

偿、赔偿等手段追究的财产责任，它不同于以处罚为特点的行政处罚。

我国对证券欺诈行为的民事责任只在《股票发行与交易管理暂行条例》第七十七条和《禁止证券欺诈行为暂行办法》第二十三条做了"依法承担民事赔偿责任"的笼统规定，《证券法》则没有具体的民事责任的规定，实际上很难操作。[①]

证券欺诈行为的刑事责任是指严重违反《证券法》的欺诈行为构成犯罪时应受到的刑事制裁。世界各国立法都对证券欺诈违法犯罪行为规定了严厉的刑事责任。

美国1933年《证券法》第24节规定：在发行中的欺诈问题，一经确认便应被处以不超过1万美元的罚金或不超过5年监禁，或两者兼有。1934年《证券交易法》规定：对内幕交易罪行为人处5年以下监禁或并科10万美元罚金。1988年的《内幕交易与证券欺诈执行法》提高了对证券欺诈者的刑事责任，对个人的刑期上限延长到10年，罚金高达100万美元，对非自然人的企业组织的罚金从50万美元提高到250万美元。此外，《2002年公众公司会计改革和投资者保护法案》特别规定：违反该法案、任何SEC根据该法案制定的条例或规定、任何上市公司财会监管委员会的规则，都将视同为违反1934年《证券交易法》的行为，受到同样的制裁。对于违反财务报表的披露要求的行为，对个人的处罚金由5000美元提高到10万美元，并可同时判处的监禁期限由1年延长到10年，对团体的处罚金额由10万美元提高到50万美元。法案还对干预证据和阻碍调查、破坏审计记录、报复举报人的行为规定了罚金和最高为10年或20年的监禁，这些都是对美国刑法典重要的修正，给予了违反诚信原则者更重的惩罚。

美国证券交易委员会还专门制定了反欺诈规定，规定要求，如果证券发行人有意在注册申报书中谎报或者漏报本公司的情况，并蒙骗证券监管部门，从而使发行注册生效，证券交易委员会可以给予行政处罚，并停止其证券的发行。在这种情况下，投资者有权提起诉讼，并应该得到证券监管部门的支持，直至追究有关当事人的民事或刑事责任。有关当事人主要包括：证券发行人、承销并分销证券的投资银行、参与申报书起草和审定并在其上签章属实的会计师、审计师和其

---

① 如2001年8月份《财经》杂志所引爆的银广夏陷阱。中国证监会会同财政部于2001年9月6日公布调查结果认定审计师在审计过程中存在重大过失，签字注册会计师刘加荣、徐林文被刑事拘留；相关部门负责人在接受记者采访时表示"拟吊销"中天勤会计师事务所的相应资格。随后，中天勤事务所保留注册资本200万元并自行解散；2002年2月底，财政部正式发文吊销中天勤事务所的执业资格。因为一起审计失败而导致整个事务所解散，以及通过解散事务所方式回避可能的民事赔偿责任，必然会加大审计师对其行为的非理性预期。

他专家。

在美国，保证会计师审计质量的相应制度安排包括多项因素，其中，严厉的法律风险形成了相对有效的威慑力量，在一定程度上保证了审计的高质量。这里的法律风险包括三个部分：审计师对任何特定的财务报表使用者承担责任，使得监督审计师的人员大幅度增加；举证责任由审计师承担，极大地降低了普通投资者提起诉讼的成本；巨额的赔偿责任（特别是对故意违法行为的巨额惩罚性赔偿）不仅能有效地威慑审计师，而且能提高投资者提起诉讼的利益激励。

我国虽然在《证券法》及《刑法》中都有对违法者处罚的内容，但依然过于笼统，操作性不强。实施好几年了，证券市场大案、要案一大堆，但最后受到处罚的是少之又少。

3. 鼓励集体诉讼

民事赔偿机制，这在发达证券市场中已非常成熟，但在我国还基本上不存在，与公共执法机制相比，民事赔偿机制对证券法规的贯彻执行具有很多优势。优势之一是由于中小投资者可以在受到侵害时获得赔偿，他们会更有积极性去发现、举报和制裁违法违规者，使违法违规者受到制裁的可能性大为增加；另外，由于民事诉讼的证据举证责任普遍低于刑事诉讼，侵权者的违法违规行为更容易被法院认定，因此，违法者承担民事赔偿责任的可能性也会大大增加，对违法者会起到极大的威慑作用。民事损害赔偿制度不仅可以通过责令违规者赔偿受害投资者的损失可以有效地剥夺违规者通过违规行为所获得的非法利益，而且给违规者强行加上了一种经济上的巨大负担。同时，民事损害赔偿责任制度可以有效地动员广大的投资者来参与监控。在成熟市场国家，特别是美国，让证券违法者最为胆战的不是刑事诉讼或者行政处罚，而是由小股东提起的民事诉讼要求的民事损害赔偿。另外，如前所述，受害投资者一直缺乏合适、有效的诉讼途径寻求救济。我们建议借鉴美国的经验做法确立两个可以操作的诉讼机制：股东集体诉讼制度和股东代表诉讼制度。

对美国的投资者公众而言，还可以通过司法程序控告违规操作者。由于券商在为上市公司承销新股时，均须在招股说明书中向投资者提供准确无误的财务资讯，同时须确保投资者在新股上市后以公平价格进行买卖交易。因此，如有众多投资者认为在此过程中存在市场欺诈，从而提起法律诉讼，法庭就会允许这些投资者联合起来，以集体诉讼方式向这些券商讨说法。

通过考察美国等国的实践和效果来看，集体诉讼具有巨大的作用和可操作性，对于维护市场的公平和秩序具有非常重要的意义。所以，我国应积极引进并实施集体诉讼制度，完善公共监督机制。

我国的《公司法》、《证券法》、《民法通则》过分偏重对违法者无尽无休地进行行政和刑事制裁，忽视了对受害者给予民事赔偿，对保护中小投资者利益存在先天不足，因此，必须抓紧修订完善有关法规。考虑到在一个较短的时间内修订、完善《公司法》、《证券法》、《民法通则》的有关条款，难度较大，首先由最高人民法院出台有关司法解释，着重解决证券民事赔偿的立法依据、管辖级别、原则、诉讼时效、因果关系、举证责任、损失计算、偿付方式等具体问题。其次要尽快建立证券市场投资者公益保护中心，为权益遭受损害的投资者特别是中小投资者提供法律援助，帮助中小投资者通过司法诉讼使各种损害投资者权益的行为得以纠正，并请示民事赔偿。总之，要在抓好投资者教育、提高投资者素质的同时，通过建立健全民事诉讼机制来充分发挥投资者的监督作用，营造证券市场社会监督的良好氛围，从制度上约束发行主体、中介机构甚至监管机构的行为。

2001 年 7 月 17 日，美国 Wolf Haldinstein Adler Freeman and Herl LLP 律师事务所代表在 1999 年 7 月 12 日至 2000 年 12 月 6 日购买中华网公司股票的投资者正式向纽约南区地方法院提起集体诉讼，指控中华网在发行上市过程中违反了美国联邦证券法律，在 IPO 招股说明书中没有向投资者披露一些重要信息，给投资者造成损失，中华网公司的管理人员和股票承销商存在欺诈行为。这是一起由律师楼策动的 60 余起集体诉讼案之一。而在此之前，另一家美国法律事务所 Millberg Weiss Bershad Hynes & Lerach 代表中华网部分股东已于 6 月 28 日向美国地方法院提起诉讼。[①]

消息一经传出，中华网承受了舆论压力，同时抽调了大量人力、财力来应付官司，产生了非常严重的影响。

另外，为防止公司管理层滥用职权、抗衡财团利益团体的膨胀势力，在我国有必要建立中小投资者的维权组织，对侵权的个人和团体进行追究和诉讼。韩国、

---

① 中华网中小股东在诉讼书中详细阐明：中华网于 1999 年 7 月 12 日公开发行 420 万股股票，每股定价 20 美元。招股说明书中写明"发行的普通股将按招股说明书中封面所刊登的发售价格直接发售给公众，在此价格基础上，售出价格让步绝不超过每股 0.84 美元"……但是，在未经公告的情况下，中华网私下承诺给予承销团 340 万股每股 1.40 美元的折扣。对这一重要的内幕信息，中华网并未在招股说明书中予以披露。另外，中华网的上市承销团还与客户私下签订协议约定：中华网股票上市以后，客户将以约定价格（高于 20 美元的发行价）再买入中华网股票。原告指出，"这种协议中涉及的配合维持、歪曲并支撑了中华网上市后的股价"，有操纵股市之嫌。

印度等国的经验表明，维权组织的有效运行是对政府和司法功能的有力补充，它不仅有利于证券市场的诚信建设，而且能促进这些国家的司法、经济制度的整体改革。

4. 扩大证监会权力

近几年来，我国颁布并实施了《证券法》，初步明确了证券监管部门的监管权限和手段。同时，建立了全国集中统一的证券监管体制，完善了三级稽查体系，组建了大区稽查局，充实了稽查力量，确定了稽查执法的原则、程序及有关违法违规案件，处理了数以万计的来信来访，逐步规范了执法行为，加大了执法力度。但是，我国的证券执法稽查工作仍存在执法权限不够，执法手段有限等问题。证券执法主要限于行政处罚。在尚未涉及刑事侦查时，缺乏必要的稽查手段，严重影响了查处违法、违规行为的力度。从现有的证券法律法规看，"主体法"比较系统，而"程序法"相对薄弱，如调查中申请司法机关财产保全、行政处罚告知的送达等程序都不完善，制约了执法的效率。不解决好这些问题，加大监管和执法力度的要求，势必难以落到实处。

我国证监会与美国 SEC 的法定执法权还有很大差距，也为监管带来了一定难度。例如美国 SEC 有调查权，可得到包括所涉及银行的任何信息；有权不事先通知被调查者即可直接调查其财务、银行账户；有权传唤当事人，不接受传唤的被视为违法；有权申请永久或临时的限制令或强制令；有权申请禁止令和履行令。这些是我国证券监管者所不具备的。

由于法律和地位的约束，证监会对很多违法违规者虽然可能也深恶痛绝，但由于缺乏必要的手段和时间精力去实施惩罚。① 虽然从技术上讲，我国证券交易系统由于具有后发优势，在世界上也是非常发达的，证监会对市场交易等各类信息的获得还是很便捷的，但是如果没有足够的权力、地位和法律依据，证监会是无法也不能去惩罚具有各种各样复杂背景的市场违法、违规者的。对一些违法、违规者证监会只能听之任之，或者道义提醒，而不能严惩不贷，这在一定程度上也纵容了违法、违规者的气焰。

---

① 在现实中，证监会最大的、最直接的权力就是不让违法、违规者在证券圈子里玩了，所以证监会对证券机构、从业者具有足够的威信和手段，但对于其他违法、违规者则缺少必要的手段去惩罚。

参考文献

1. Allen, Franklin & Santomero, Anthony M. The Theory of Financial Intermediation, Journal of Banking & Finance, 21, 1998.

2. Ang and Richardon. The Underwriting Experience of Commercial Bank Affiliates Prior to the Glass-Steagall Act: A Re-examination of Evidence for Passage of the Act, Journal of Banking and Finance, 18, March, 1994.

3. Antonio E. Bernado No Welch Financial Market Runs, National Bureau of Economic Research, October, 2002.

4. Arrow, K. Essays in the Theory of Risk Bearing. London: North — Holland.

5. Barth, Nolle and Rice. Commercial Banking Structure, Regulation, and Performance: An International Comparison. OCC Economics Working Paper February, 1997.

6. Becker. A Theory of Competition Among Pressure Groups for Political Influence, Quarterly Journal of Economics, 1983.

7. Bencivenga, V. R. & Smith, B. D. Financial Intermediation and Endogenous Growth, Review of Economic Studies, 58, April,1999.

8. Berger A. N. and L. J. Mester. Inside the Black Box: What Explains Difference in the Efficiencies of Financial Institutions? Journal of Banking and Finance, Vol. 21, 1997.

9. Berger A. N. , Rober DeYoung, and Gregory Udell. Globalization of Financial Institutions: Evidence from Cross — Border Banking Performance, Brooking Wharton Papers on Financial Services 3, 2000.

10. Stigler, G. The Theory of Economic Regulation, Bell Journal of Economics and Management Science, 2, 1971.

11. William Silber. The Progress of Financial Innovation, American Economic

Review, May, 1983.

12. Bernanke, B. Nonmonetary Effects of the Financial Crisis in the Propagation of the Great Depression, American Economic Review, 73(3),1983.

13. Bernard Shull and Lawrence J. White, of Firewalls and Subsidiaries: The Right Stuff for Expanded Bank Activities. Journal of Banking Law, May, 1998.

14. Beruard Shull. Financial Markets, Institutions & Instruments, May, 1999.

15. Bodie, Z & Merton, R. C. Finance. First Edition, Prentice-Hall, Inc. ,2000.

16. Boyd, J. & Prescott, E. Financial Intermediary-coalitions, Journal of Economic Theory, 38,1986.

17. Chant, J. The New Theory of Financial Intermediation. Kevin Dowd and Mervyn K. Lewis. Current Issues in Financial and Monetary Economics. The Macmillan Press Ltd. , 1989.

18. Charles K. Rowley. Public Choice and the Economic Analysis of Law, Nicholas Mercuw (ed) Law and Economics, Klumer Academic Publishers,1999.

19. Crane, D. B. , Froot, K. A. , Mason, S. C. , Perold, A. F. , Merton, R. C. , Bodie, Z. , Sirri, E. R. , and Tufano, P. The Global Financial System: A Functional Perspective. Boston: Harvard Business School Press,1995.

20. Eichberger, Jurgen & Harper, Ian R. Financial Economics, Oxford University Press,1997.

21. Ely and Robenson. How might Financial Institutions React to Glass-Steagall Repeal? Evidence from the Stock Market. Federal Reserve Bank of Ballas, Financial Industry Studies, September, 1998.

22. Fama, E. F. Banking in the Theory of Finance, Journal of Monetary Economics, 6,1980.

23. Gianni Re Nicolo and Myron L. Kwast. Systemic Rick and Financial Consolidation: Are They Related? Board of Governors of Federal Reserve System , Working Paper, June, 2001.

24. Goldsmith, R. W. Financial Structure and Development. New Haven: Yale University Press, 1969.

25. Gravanni Bell Ariccia & Robert Marquez. Competition among Regulators, IMF Working Paper, 2001.

26. Gregory Ellihausen. The Cost of Bank Regulation: A Review of the Evidence, Board of Governors of the Fedral Reserve System, April, 1998.

27. Herring and Santomero. What is Optimal Financial Regulation? George Kaufman Banking and Currency Crises and Systemic Risk: Lessons from Recent Events, Federal Reserve Bank of Chicago Working Paper, 2000.

28. Kindleberger, Charles, Manias, Panics and Crashes. A History of Financial Crises, Basic Books, 1978.

29. King, R. G. & Levine, R. Finance and Growth: Schumpeter Might Be Right, Quarterly Journal of Economics, 108(3), 1993.

30. Klein, M. A. The Economics of Security Divisibility and Financial Intermediation, Journal of Finance, 28, 1973.

31. Krozner and Stratmann. Interest Group Competition and the Organization of Congress: Theory and Evidence from Financial Services Political Action Committees, American Economic Review, 88, 1998.

32. Krozner, and Strahan. What Drives Regulation? Economics and Politics of the Relaxation of Bank Branching Restrictions, Quarterly Journal of Economics, 114(4), 1999.

33. Leland, H. & Pyle, D. Informational Asymmetries, Financial Structure and Financial Intermediation, Journal of Finance, 32, 2. 1977.

34. McKinnon, R. I. The Order of Economic Liberalization: Financial Control in the Transition to a Market Economy, Second Edition. Baltimore: Johns Hopkins University Press, 1993.

35. Merton, R. C. , et al. The Global Financial System: A Functional Perspective, Harvard Business School Press, Boston, 1995.

36. Merton, R. C. & Bodie, Z. A Framework for Analyzing the Financial System, in Crane et al. Eds. , The Global Financial System: A Functional Perspective. Boston. MA, Harvard Business School Press, 1995.

37. Merton, R. C. A Functional Perspective of Financial Intermediation, Financial Management, Vol. 24, No. 2, Summer, 1995.

38. Mishkin, F. S. The Economics of Money, Banking, and Financial Markets. Harper Collins College Publishers, 1993, 1995, 2001.

39. Peltzman. Toward a More General Theory of Regulation, Quarterly Journal of Law and Economics, 19, August, 1976.

40. Rafael La Porta, Florencio Loper-de-Si Lanes. Andrei Shleifer Investor Protection: Origins, Consequence, Reform, World Bank Working Paper, 1999.

41. Ragharam Rejan and Laigi Zingales. Financial Dependence and Growth, American Economic Review, 88, 1999.

42. Rajan, Luigi Zingales. The Great Reversals: The Politics of Financial Development in the 20th Century, NBER Working Paper, 2000.

43. Ross Levire and Sara Zervos. Stock Market, Banks and Economic Growth, American Economic Review, 8, 1998.

44. Shaw, E. S. Financial Deepening in Economic Development. Oxford University Press, 1973.

45. Tobin, J. Financial Intermediaries, The New Palgrave a Dictionary of Economics, edited by John Eatwell Murray Milgate Peter Newman, Volume 2, E to J, 1987.

46. W. C. Hunter and S. G. Timme. Concentration and Innovation, Striking a Balance in Regulation, Economic Review, Federal Reserve Bank of Htlanta, January, 1987.

47. Wijkander, H. Financial Intermediation, Equilibrium Credit Rationing and Business Cycles. In L. Werin & Hans Wijkander (eds), Contract Economics, Basil Blackwell Ltd. , 1992.

48. World Bank. World Development Report 1989: Financial System and Development. Oxford University Press, Inc. , New York, 1989.

49. World Bank. World Development Report: From Plan to Market. Oxford University Press, Inc. , New York, 1996.

50. World Bank. World Development Report : Knowledge and Development. Oxford University Press, Inc. , New York, 1999.

51. Shleifer, A. Vishny, A Survey of Corporate Governance, The Journal of Finance, 52, 1997.

52. Peltzman, S. Toward a More General Theory of Regulation, Journal of Law and Economics, 19 (August). 1976.

53. Pistor, K., Raiser, M., and Geifer S. Law and finance in transition economies, Economics of Transition. , 8. 1999.

54. Levine, R. Law, Finance, and Economic Growth, Journal of Financial Intermediation 8, 1999.

55. Levine, R., Zervos, S. Stock Markets Banks and Economic Growth. American Economic Review , 88, 1998.

56. Tollison, Robert D. Regulation and Interest Group , edited by Jack High, University of Michigan Press,1991.

57. Harry Markowitz. Portfolio. Selection: Efficient Diversification of Investment,New York: John Wiley & Sons, 1959.

58. Kose John,Anthony Saunders & Lemma. W. Senbet. A Theory of Regultion and Management Compensation,The Review of Financial Studies,Vol. 13, No. 1,2000.

59. Goldsmith:《金融结构与金融发展》,周翔等译,贝多广校,上海三联书店、上海人民出版社,1994 年。

60. Mishkin:《货币金融学》,李扬等译,王传纶校,中国人民大学出版社,1998 年。

61. 艾伦·加特:《管制、放松与重新管制》,经济科学出版社,1999 年。

62. 北京奥尔多投资研究中心主编:《金融系统演变考》,中国财政经济出版社,2002 年。

63. 科斯、阿尔钦等:《财产权利与制度变迁》,上海三联书店、上海人民出版社,1994 年。

64. 哈特、斯蒂格利茨:《契约经济学》,经济科学出版社,2000 年。

65. 蔡浩仪:《抉择:金融混业经营与监管》,云南人民出版社,2002 年。

66. 陈国进:《金融制度的比较与设计》,厦门大学出版社,2002 年。

67. 陈雨露主编:《现代金融理论》,中国金融出版社,2000 年。

68. 丹尼尔·F. 史普博:《管制与市场》,上海三联书店、上海人民出版社,1999 年。

69. 诺斯:《经济史中的结构与变迁》,上海三联书店、上海人民出版社,

1994 年。

70. 德瑞克：《全能银行：未来的银行类型》，中国金融出版社，2003 年。

71. 蒂米奇·威塔斯：《金融规管——变化中的游戏规则》，上海财经大学出版社，2000 年。

72. 富兰克林·艾伦、巴格拉斯·盖尔：《比较金融系统》，中国人民大学出版社，2002 年。

73. 哈罗德·德姆塞茨：《所有权、控制和企业——论经济活动的组织》，经济科学出版社，1999 年。

74. 哈特：《企业、合同与财务结构》，上海三联书店、上海人民出版社，1998 年。

75. 黄金老：《金融自由化与金融脆弱性》，中国城市出版社，2001 年。

76. 凯文·多德、默文·K. 刘易斯：《金融与货币经济学前沿问题》，中国税务出版社，2000 年。

77. 厉以宁：《转型发展理论》，同心出版社，1989 年。

78. 路易斯·普特曼、兰德尔·克罗茨纳：《企业的经济性质》，上海财经大学出版社，2000 年。

79. 迈克尔·迪屈奇：《交易成本经济学——关于公司的新的经济意义》，经济科学出版社，1999 年。

80. 默顿：《对中国金融体系改革的期望》，载廖理、汪韧、陈璐：《探求智慧之旅——哈佛、麻省理工著名经济学家访谈录》，北京大学出版社，2000 年。

81. 纳尔逊、温特：《经济变迁的演化理论》，商务印书馆，1997 年。

82. 乔治·J. 斯蒂格勒：《产业组织和政府管制》，上海三联书店、上海人民出版社，1989 年。

83. 秦国楼：《现代金融中介论》，中国金融出版社，2002 年。

84. 青木昌彦、钱颖一：《转轨经济中的公司治理结构：内部人控制和银行的作用》，中国经济出版社，1995 年。

85. 青木昌彦：《比较制度分析》，上海远东出版社，2001 年。

86. 世界银行报告：《金融与增长——动荡世界中的政策选择》，经济科学出版社，2001 年。

87. 斯蒂格利茨：《经济学》，中国人民大学出版社，1998 年。

88. 孙杰：《货币与金融：金融制度的国际比较》，社会科学文献出版社，

1998 年。

89. 洪伟力：《证券监管：理论与实践》，上海财经大学出版社，2000 年。

90. 魏尔斯·F. 卡吉尔、吉里安·G. 加西耳：《八十年代的金融改革》，中国金融出版社，1989 年。

91. 熊彼特：《经济发展理论》，商务印书馆，1997 年。

92. 白钦先主编：《发达国家金融监管比较研究》，中国金融出版社，2003 年。

93. 张亦春等：《中国社会信用问题研究》，中国金融出版社，2004 年。

94. 张杰：《中国金融制度的结构与变迁》，山西经济出版社，1998 年。

95. 周延年：《西方金融理论》，中信出版社，1994 年。

96. 罗伯特·C. 英顿：《金融学》，中国人民大学出版社，2000 年。

97. 邹薇：《经济发展理论中的新古典政治经济学》，武汉大学出版社，2000 年。

98. 彼得·什托姆普卡（Piotr Sztompka）：《信任——一种社会学理论》，中华书局，2005 年。

99. 张维迎：《信息、信任与法律》，三联书店，2003 年。

100. 梁宝柱：《金融监管论》，西南财经大学出版社，1999 年。

101. 骆玉鼎：《信用经济中的金融控制》，上海财经大学出版社，2000 年。

102. 弗兰克·J. 法伯兹等：《金融市场与机构通论》，东北财经大学出版社，2000 年。

103. 孟龙：《市场经济国家金融监管比较》，中国金融出版社，1995 年。

104. 植草益：《微观规制经济学》，中国发展出版社，1992 年。

105. 佛朗茨：《X 效率：理论、论据和应用》，上海译文出版社，1993 年。

106. 江曙霞：《银行监督管理资本充足性管制》，中国发展出版社，1994 年。

107. 康芒斯：《制度经济学》，商务印书馆，1983 年。

108. 胡国成：《塑造美国现代经济制度之路》，中国经济出版社，1995 年。

109. 庇古：《福利经济学》，中国社会科学出版社，1999 年。

110. 诺曼·杰·奥恩斯坦等：《利益集团、院外活动和政策制订》，世界知识出版社，1981 年。

111. 张五常：《佃农理论》，商务印书馆，2000 年。

112. 戈登·塔洛克：《对寻租活动的经济学分析》，李政军译，西南财经大学出版社，2000 年。

113. 王兰军：《股票市场功能演进与经济结构调整研究》，中国金融出版社，2003 年。

114. 周正庆主编：《证券知识读本》，中国金融出版社，2000 年。

115. 张育军：《中国证券市场发展的制度分析》，经济科学出版社，1998 年。

116. 卢现祥：《西方新制度经济学》，中国发展出版社，2002 年。

117. 曾康霖、王长庚：《信用论》，中国金融出版社，1993 年。

118. 厉以宁：《信任与信用》，《信息导刊》2003 年第 27 期。

119. 罗森堡、小伯泽尔：《西方致富之路》，三联书店，1989 年。

120. 李量：《现代金融结构导论》，经济科学出版社，2001 年。

121. 张曙光主编：《中国制度变迁的案例研究》第 1 辑，上海人民出版社，1996 年。

122. 保罗·G. 黑尔：《转型时期的制度变迁和经济发展》，《经济社会体制比较》2004 年第 5 期。

123. 胡继之：《中国股市的演进与制度变迁》，经济科学出版社，1999 年。

124. 徐涛：《中国资本市场配置效率研究——一个制度经济学的分析》，中国金融出版社，2005 年。

125. 李东方：《证券监管法律制度研究》，北京大学出版社，2002 年。

126. 戴维·L. 韦默主编：《制度设计》，费方域译，上海财经大学出版社，2004 年。

127. 金泽刚：《证券市场监管与司法介入》，山东人民出版社，2004 年。

128. 龙超：《证券市场监管的经济学分析》，经济科学出版社，2003 年。

129. 盛学军：《证券市场公开规制研究》，法律出版社，2004 年。

130. 郑学军：《中国股市的结构与变迁》，人民出版社，2002 年。

131. 李志君：《证券市场政府监管论》，吉林人民出版社，2005 年。

132. 赵锡军：《论证券监管》，中国人民大学出版社，2000 年。

133. 程虹：《制度变迁的周期——一个一般理论及其对中国改革的研究》，人民出版社，2000 年。

134. 孙宽远主编：《转轨、规制与制度选择》，社会科学文献出版社，2004 年。

135. 汪洪涛：《制度经济学——制度及制度变迁性质解释》，复旦大学出版社，2003 年。

136. 刘峰：《制度理性与行为理性——兼论诚信教育》，《财会月刊》2003 年第

1 期。

137. 皖河：《利益集团、改革路径与政治合法性危机》，《当代中国研究》2001 年冬季号。

138. 陈岱松：《论对证券市场的适度监管》，《证券法律评论》2003 年卷。

139. 吴志攀：《证券市场，政府与法律的互动》，北大法律网，2002 年。

140. 李文泓：《国际金融监管理念与监管方式的转变及其对我国的启示》，《国际金融研究》2001 年第 6 期。

141. 易宪容：《美国金融业监管制度的演进》，《世界经济》2002 年第 7 期。

142. 余晓宜：《国内金融混业经营发展现状及趋势》，广发证券研究发展中心研究报告，2003 年。

143. 李园丁、孙涛：《金融业监管体制选择的比较研究》，《国际金融研究》2001 年第 6 期。

144. 余永定：《世界金融变革的五大趋势》，《国际经济评论》1997 年第 4 期。

145. 张维迎：《公有制经济中的委托人—代理人关系：理论分析和政策含义》，《经济研究》1995 年第 4 期。

146. 朱武祥：《一股独大与股权多元化》，《上市公司》2001 年第 10 期。

147. 张宇燕：《个人理性与"制度悖论"——对国家兴衰或经济荣败的尝试性探究》，《经济研究》1992 年第 11 期。

148. 海惠：《新证券法三大措施防范欺诈发行》，《证券时报》2005 年 11 月 24 日。

149. 李强：《当前中国社会的四个利益群体》，《社会学》2000 年第 9 期。

150. 韩志国：《中国资本市场的制度缺陷》，《经济导刊》2001 年第 2 期。

151. 崔明霞：《证券发行制度研究》，《河北法学》2001 年第 1 期。

152. 陈富良：《利益集团博弈与管制均衡》，《当代财经》2004 年第 1 期。

153. 中国人民大学民商事法律科学研究所课题组：《重塑证券市场诚信需从自律和法治入手》，《中国证券报》2005 年 8 月 18 日。

154. 张杰：《金融中介理论：一个文献综述》，《中国社会科学》2002 年第 1 期。

155. 邱永红：《论证券交易所与社会公众投资者权益的保护》，深圳证券交易所网站，2004 年。

156. 刘刚：《企业的异质性假设——对企业本质和行为基础的进化论解释》，

《中国社会科学》2002 年第 2 期。

157. 李寿祺:《利益集团参政——美国利益集团与政府的关系》,《美国政治》1989 年第 4 期。